世界保险概览

曾立新　谢远涛　著

对外经济贸易大学出版社
中国·北京

图书在版编目（CIP）数据

世界保险概览 / 曾立新，谢远涛著 . -- 北京：对外经济贸易大学出版社，2025. 4. -- ISBN 978-7-5663-2674-4

Ⅰ. F841.9

中国国家版本馆 CIP 数据核字第 20259J05S3 号

世界保险概览

SHIJIE BAOXIAN GAILAN

曾立新　谢远涛　**著**

责任编辑： 王延新

封面摄影： 谢远涛

封面说明： “世界保险市场的心脏”——伦敦劳合社大厦的承保大厅
（The Underwriting Room of the Lloyd's Building）

出版发行：对外经济贸易大学出版社
社　　址：北京市朝阳区惠新东街 10 号
网　　址：www.uibep.com
资源网址：www.uibepresources.com
邮政编码：100029
邮购电话：010-64492338
发行部电话：010-64492342
E-mail：uibep@126.com

成品尺寸：170mm × 240mm
印　　张：10.25
字　　数：195 千字
ISBN 978-7-5663-2674-4
印　　刷：北京市泰锐印刷有限责任公司
版　　次：2025 年 4 月北京第 1 版
印　　次：2025 年 4 月第 1 次印刷
定　　价：69.00 元

前 言
FOREWORD

人类历史跌宕起伏，各种风险如影随形。在灾难和不确定性面前，人们内在的求生欲和同情心激发了种种互助行为。“一人为众，众为一人”，正是保险的初心。保险制度的产生和演化是人类社会集体智慧的结晶。

世界保险制度的发展历史源远流长，其跨越不同的时代、地域和文化，除生动反映了各国社会、经济、科技、政治和法律制度的演变之外，更体现出保险在人类社会发展中所发挥的重要守护和保障作用。从最早的海上保险萌芽发展，到现代复杂的商业和社会风险管理体系，保险业已成为人类社会不可或缺的一部分，保障着个人、家庭、企业乃至国家的安全与稳定。自19世纪初现代保险制度引入中国，经过二百多年的曲折发展，中国已经成为世界第二大保险市场。保险行业作为经济“减震器”和社会“稳定器”，也已纳入国家发展顶层设计，更是“金融强国”的重要组成部分。了解和充分利用保险机制是社会金融素养的重要体现，而社会金融素养是保险行业健康发展的重要基础。

《世界保险概览》依托对外经济贸易大学保险学院课程思政教育第二课堂——“中外保险历史文化长廊”的丰富内容，生动勾勒出世界保险的发展脉络，精心呈现其在不同历史阶段的主要特征和里程碑式的人物及事件，进而揭示保险历史发展规律。本书图文并茂，带领读者穿越时间与空间，徜徉在世界保险的历史长河中。

本书内容分为三个部分。第一部分涵盖西方保险制度的诞生、现代保险制度的形成以及保险在全球的传播和演进过程，为读者提供一次全面的世界保险文化探索之旅。第二部分呈现中国保险兼容并蓄的发展历史：介绍晚清至民国时期民族的保险事业，在外商垄断中的抗争与艰难发展；展示中国共产党“人民保险”事业的早期实践，以及新中国成立后的社会主义保险事业探索；更突出呈现改革开放后，中国保险事业举世瞩目的发展成就。第三部分聚焦保险教育与行业相辅而行的发展历史，通过梳理世界和中国保险教育的历史演变，展示保险教育作为智力支撑，在推动行业发展、培养专业人才方面的重要作用与深远意义。

观今宜鉴古，无古不成今。本书不仅是对世界保险行业的历史回顾，更是对其未来发展的一次深思与展望。本书可以作为高等院校“世界保险史”课程的教材，也可作为保险从业人员培训和素质教育的参考资料，更适合所有对历史或金融、保险感兴趣的读者阅读。希望本书能够帮助读者深入了解保险内涵，理解行业发展逻辑，助力社会金融素养的提升。

目录
CONTENTS

第一部分

PART ONE

世界保险历史

据考证，人类的保险思想最早可追溯至约公元前 3500 年的古埃及丧葬互助行为。此后，约公元前 2000 年，古地中海一带的"共同海损分摊"和"船货抵押贷款"做法，被认为是保险的萌芽和雏形。

世界贸易和航运的不断发展、新大陆的发现，以及工业革命和城市化浪潮的涌动，使风险变得多样化和复杂化，自然灾害、意外事故和人为灾难所造成的损失程度日益加深。各类商业险种应运而生的同时，精算技术也不断成熟。各国相继立法，以确保商业保险的健康发展，政府也通过公共保险项目提供各类重要保障。

Part I　History of World Insurance

According to research, ideology of insurance originated from funereal mutual aid in ancient Egypt around B.C. 3500. Afterwards, practice of "General Average Contribution" and "Bottomry and Respondentia" by the ancient Mediterranean traders in about B.C. 2000 has been recognized as the embryonic stage of insurance.

With development of world trade, ocean navigation, discovery of the New Continent as well as the Industrial Revolution and tide of urbanization, risks have turned diversified and sophisticated, resulting in more and more loss and damage caused by natural calamities, accidents and man-made disasters. Thus, various insurance products emerged and the actuarial science gradually got mature. Governments managed to ensure the healthy growth of commercial insurance by legislation while offering security to their people through public insurance programs.

第一阶段

萌芽与雏形阶段　　约公元前3500年—公元14世纪初期

人类在古代就具有分摊损失和分散风险的思想，很早就形成了各种互助组织。当时的保险尚处于初始阶段。海上保险实践从地中海一带传播到欧洲其他地区。但这一时期，海上保险的补偿功能仍依附于抵押贷款合同而存在。

约公元前 3500 年

古埃及的丧葬互助组织

有考古发现了史前古埃及时代古埃及人的复杂丧葬习俗。他们相信人死后还有“来世”（afterlife），希望尸身保存不朽，就将其制成木乃伊起到防腐的作用。由于丧葬费用十分昂贵，埃及石匠就组成互助组织，他们缴纳会费用于支付某个会员身后的丧葬费用。

世界其他地方也存在这类丧葬互助的古老做法，体现了人类早期损失分摊的互助思想。

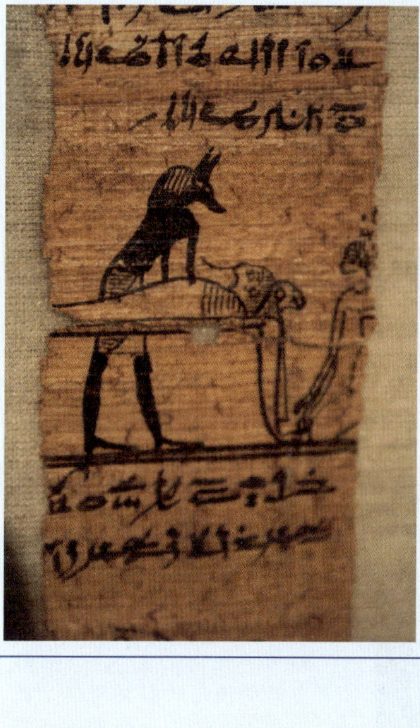

古埃及神话与木乃伊制作有关的兽首之神阿努比斯（Anubis）。考古发现，古埃及人曾使用 Deben 作为货币单位，5 个 Deben 可以购买一头山羊。制作木乃伊、添置内外棺椁、雕花装饰等全套丧葬费用，平均约 175Deben，最少也需 65Deben，可谓不菲

约公元前 2000 年

共同海损分摊制度

地中海罗德岛的《罗地安法则》（Rhodian Code）记载了“一人为众，众为一人”（One for All and All for One）的“共同海损分摊”（general average contribution）规则，该规则最早可追溯至约公元前 2000 年，地中海东岸腓尼基（Phoenicians）商人的商业惯例。共同海损制度体现了损失补偿的思想，被认为是保险的萌芽。后来，地中海沿岸商人普遍接受了共同海损分摊原则。

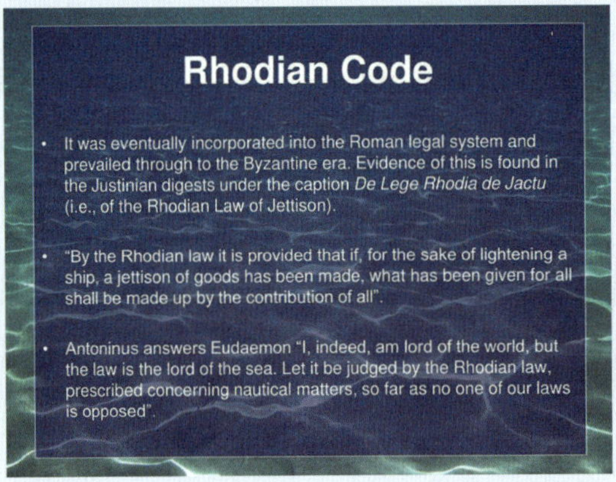

《罗地安法则》规定，在商船航行途中，为了减轻载重、躲避风险而发生的抛货损失，应由相关船货各方进行分摊，即“一人为众，众为一人”的共同海损分摊原则

石雕表现的布匿商船（Punic ship）。腓尼基城邦的商人被称为“大海的主人”。他们当时所使用的布匿商船，载重约 450 吨，一个商队可有 50 艘这样的商船，并有几艘战舰护航

约公元前 1750 年

《汉谟拉比法典》记载的船舶抵押贷款制度

约公元前 1750 年订立的《汉谟拉比法典》（Hammurabi Code），记载了地中海东部航海商人的贸易贷款规则——借款人若同意支付稍高的费用，债权人可承诺一旦船舶在运输途中灭失，就放弃债权。这种做法称为船舶抵押贷款（bottomry），因其体现了风险转移的思想，被认为是保险的雏形，公元前 800 年—前 700 年流行于希腊一带，后盛行于意大利。

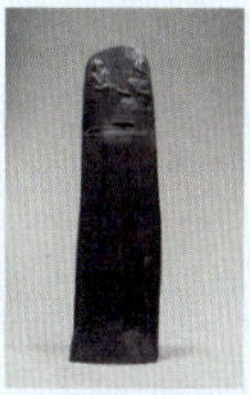

1902 年考古发现的《汉谟拉比法典》，石柱篆刻的 282 个法条，记载了当时商业规范和违规惩戒的规定

11 世纪末期

意大利航海城邦兴起

11 世纪末开始的十字军东征，对西欧和地中海沿岸国家都产生了巨大影响，一个客观结果是促进了东西方贸易。意大利北部的航海城邦比萨（Pisa）、威尼斯（Venice）和热那亚（Genoa）等，在战争中获得了土地和财富。意大利的海上保险，在这一过程中得到极大发展。

在中世纪，威尼斯拥有世界上强大的海军力量之一

12 世纪—13 世纪

伦巴第人对海上保险的传播

● 伦巴第商人对汉萨同盟的影响

约 12 世纪，意大利的伦巴第人（Lombards）在不断的战乱中移居他国，从事自由商业活动。他们在北上过程中，将意大利海上保险的做法带给欧洲北部的汉萨商人。汉萨同盟（Hanseatic League）编纂的《维斯比海法》（Laws of Wisbuy）涉及共同海损抛货、船舶碰撞和残骸处理等。该法部分内容，后被地中海沿岸国家所采用。

伦巴第人是日耳曼人的一支，起源于斯堪的纳维亚。公元 568 年春，伦巴第人联合其他日耳曼族群翻越阿尔卑斯山脉，攻占意大利北部，在阿尔博因的领导下建立伦巴第王国，统治了意大利北部和中部。图为伦巴第人征战的场面

Dyt ys dat högeste unde öldeste water recht / dat de gemene Kopman und Schippers geordinert unde gemaket hebben tho Wisby / dat sick eyn yder (de thor Sewert vorkeret) hyr na richten mach.

Gedrückt in der Keyserliken Stadt Lübeck dorch Jurgen Richolff Wanhafftich in der Mölenstraten. Int jar M. CCCCC. XXXvj.

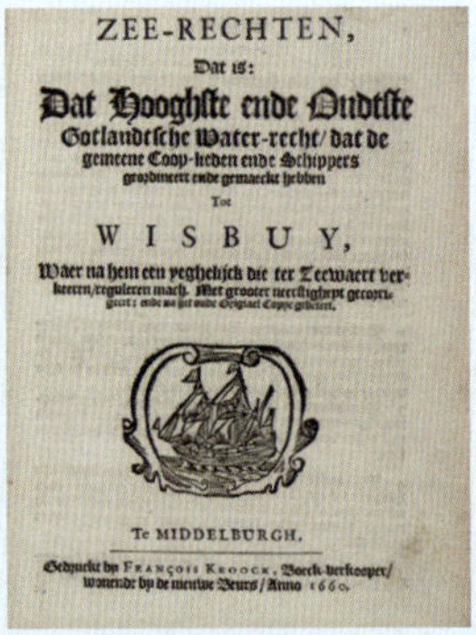

ZEE-RECHTEN,

Dat is:

Dat Hooghste ende Oudtste Gotlandtsche Water-recht/ dat de gemeene Coop-lieden ende Schippers geordineert ende gemaeckt hebben

Tot

WISBUY,

Waer na hem een yegelijck die ter Zeewaert verkeeren/reguleren mach. Met grooter neerstigheyt gecorrigeert ; ende na het oude Originael Copye gestelt.

Te MIDDELBURGH.

Gedruckt by FRANÇOIS KROOCK, Boeck-verkooper/ woonende by de nieuwe Beurs/ Anno 1660.

《维斯比海法》又称《歌德兰海法》（Gotland Sea Law），是中世纪时期海事法律的汇编。维斯比是瑞典最大岛屿歌德兰的首府

● 伦巴第商人对英国的影响

13 世纪末期，英国国王爱德华一世（King Edward I of England）立法，禁止犹太人在本地从事商业，伦巴第人得以进入英国经商并带来海上保险的做法。15 世纪时，伦巴第商人的成功引起本地商人的嫉妒，英国议会遂立法限制他们的商业活动。至 16 世纪末，伦巴第人已逐渐离开英国，但此时的英国海上保险已成体系。

1865 年的伦巴第街景。伦巴第街被称为“英国的华尔街”

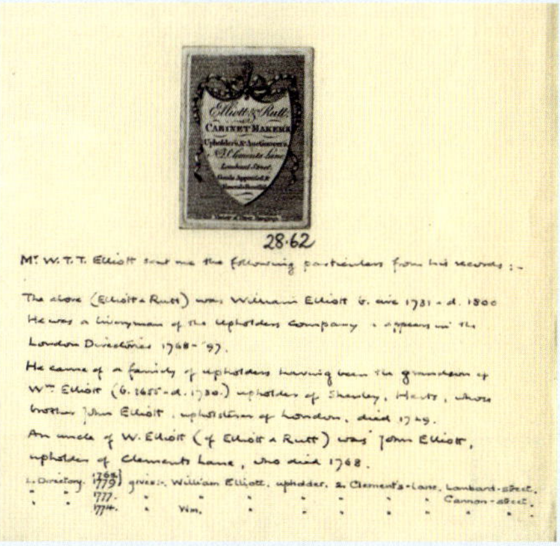

1768 年，伦巴第大街使用的一种商业便签

第二阶段

法律基础建立阶段　　14 世纪中叶—17 世纪中叶

在保险发展初期，不规范行为普遍存在，客观上需要契约的约束。海上保险单作为契约证据，显示付费保险（premium-based insurance）已经出现，海上保险从抵押贷款合同中分离出来，标志着海上保险进入现代发展阶段。随着各国相关立法增多，保险发展的法律基础逐步建立。保险成文法的颁布是现代海上保险的另一个重要标志。

1343 年

最早的海上保险保单

目前发现的最古老的海上保险（俗称“水险”）保单，为 1343 年 2 月 13 日在意大利比萨签发的保单，存放在热那亚的意大利国家档案馆（Archivio di Stato Italiano）。考古发现的最早海上保险保单日期不断被刷新，但它们都出现在意大利，说明当时海上保险的做法在意大利已经非常普遍。“保险单”的英文 policy，就来自意大利语 polizza，其含义为“promise”，即承诺。

付费保险的出现，是海上保险进入现代发展阶段的重要标志。

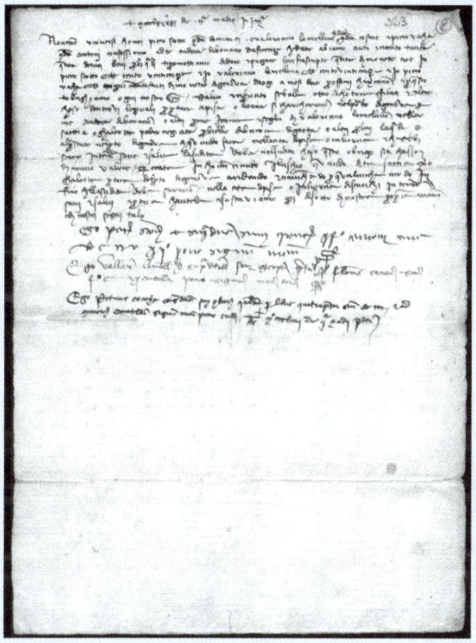

1391 年 5 月 2 日，在热那亚签发的一张海上保险保单。被保险人是 Datini 棉纺厂，投保进口棉纱，航程为热那亚至比萨，有效期为两个月，三名承保人在保险金额下签字

1570 年

英国皇家交易所

1570 年，英国商人托马斯·格雷欣爵士（Sir Thomas Gresham）仿照安特卫普交易所，出资在伦敦建立了皇家交易所（Royal Exchange），它代替了露天交易市场伦巴第街，给包括海上保险承保人在内的商人们提供了一个固定聚会和交易的场所，后成为英国海上保险交易的一个重要市场。

托马斯·格雷欣爵士（1519 年—1579 年），被称为“银行之父”，出身于英国一个显赫商业家族，曾受英国皇室委派，负责从外国为皇室筹款。他也是皇家学会（Royal Society）的前身——公益教育机构格雷欣学院（Gresham College）的创建人

格雷欣家族的标志——一只金色蚂蚱。据说，格雷欣的祖父曾为弃婴，被放置在草丛中。一只蹦蹦跳跳的蚂蚱吸引了一位妇人走进草丛，发现了婴儿，这位善良的妇人随即收养了这个孩子

1583 年

第一张寿险保单

目前发现最早的寿险保单是1583年6月18日在英国签发的一张保单，被保险人William Gybbon是一名腌肉工，投保人为Richard Martin，两人关系无从考证。保单约定保费30英镑，保险金额为400英镑，有效期为一年。被保险人刚好在保单到期前去世，但是保险人拒绝赔款，称“按照阴历每月28天计算，被保险人是在保单到期后死亡的”。

在早期的保险交易活动中，存在很多失信现象

有一首顺口溜批评了这种风气：

Liar, liar, pantaloons on fire!（撒谎撒谎，你的裤子要着火！）

Liar, liar, your nose as long as wire!（撒谎撒谎，你的鼻子要变长！）

1601 年

第一部保险成文法——《伊丽莎白法案》

1601年，英国哲学家、议员弗兰西斯·培根（Francis Bacon）提出的议案获得英国议会通过，成为世界上第一部保险成文法——《关于商人间保险事项的法案》（An Act Concerning Matters of Assurances Amongst Merchants），又称1601年《伊丽莎白法案》。该法案的颁布，标志着海上保险进入现代规范发展阶段。

弗兰西斯·培根（1561年—1626年）

1640 年

奴隶保险

据考证，奴隶贸易始于 17 世纪初。1807 年，英国通过《废除奴隶贸易法令》(An Act for the Abolition of the Slave Trade) 之前，英国奴隶贸易量约占全球总量的 40%，英国海上保险业务约有 41% 与奴隶贸易有关。奴隶被当成货物承保，其价值取决于种族、身高、体重、年龄、性别和健康状况等。承保风险为普通海难，不承保因疾病和叛逃导致的死亡。目前，发现最早的奴隶保险证据是 1640 年的保单。

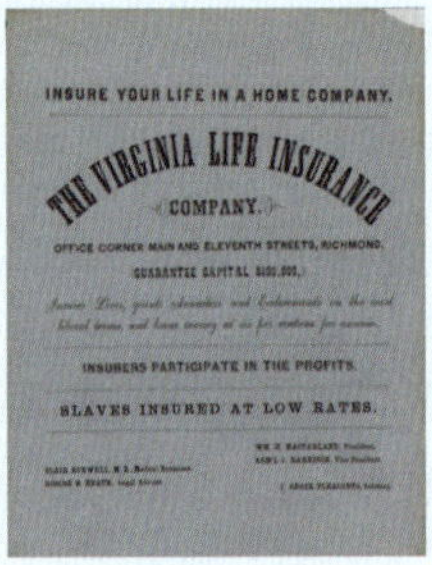

1860 年，美国弗吉尼亚人寿保险公司 (The Virginia Life Insurance Company) 的广告，称“低价承保奴隶”。1808 年，美国《禁止奴隶进口法案》(Act Prohibiting Importation of Slaves of 1808) 生效后，奴隶成为稀缺资源，奴隶寿险业务在美国开始兴起

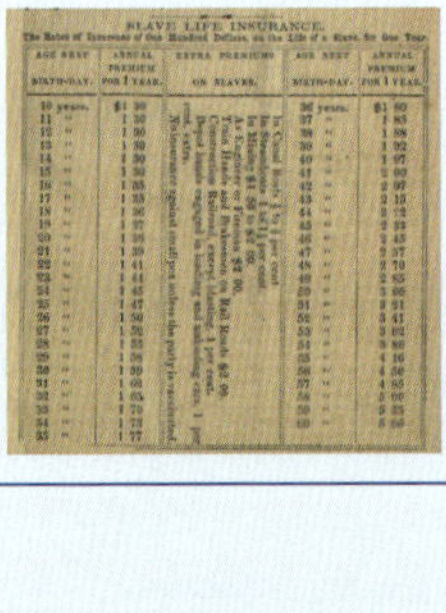

19 世纪中期，美国马里兰州巴尔的摩人寿保险公司 (The Baltimore Life Insurance) 的奴隶寿险费率表。由于缺少奴隶死亡率数据，美国保险公司对奴隶保险所收取的费率是白人保险费率的两倍

劳合社 (The Lloyd’s) 的奴隶保险历史记载。近年，劳合社就当年的奴隶保险业务正式道歉并启动相关调查和研究项目

1653 年

通蒂计划

初期的寿险，发展非常缓慢。当时流行年金计划，最具代表性的当属通蒂计划（Tontine Scheme，也译为唐缇计划），17 世纪—19 世纪曾风靡欧美。洛伦索·通蒂（Lorenzo Tonti）为该计划的发明者，他是一位流放法国的意大利政治家。一般认为，通蒂计划的赌博成分远大于保险成分。

加拿大作家托马斯·科斯坦恩（Thomas Costain）的小说 The Tontine，描写了在一半赌博、一半保险的通蒂游戏中，演员、国王、航海家、艺术家等的众生相

第三阶段

现代商业化发展阶段　　17 世纪后半叶—19 世纪末期

随着工业革命和城镇化进程，新的风险不断出现，损失后果更加严重，各类新型险种逐步出现，精算技术不断成熟，保险经营商业化，欧洲殖民活动带动了保险在世界范围的传播。股份制火灾保险公司的出现，是现代火灾保险制度形成的标志。

1666 年

伦敦大火

1666 年 9 月 2 日凌晨，伦敦城里一间面包房起火，火势迅速蔓延，烧了四天四夜，烧毁约 13000 间房屋，10 多万人无家可归。

伦敦大火之后，出现若干火灾互助社。英国经济学家、医生、房产商尼古拉斯·巴蓬（Nicholas Barbon）于 1667 年开办了由其亲自经营的“房屋保险社”（Insurance Office for Houses），又于 1680 年创建了世界上第一个现代的股份制火灾保险公司（Fire Office），很快就承保了 5000 多间房屋。他还发明了用于识别投保客户的火险牌匾。大火之后，在伦敦还成立了两家火灾相互保险组织，分别是 1684 年的房屋火灾友好保险社（Friendly Society for Securing Houses from Loss by Fire）和 1696 年的协和火灾保险互助社（Amicable Contributors for Insuring for Loss by Fire，后更名为 Hand in Hand Fire & Life Insurance Company，即携手火灾人寿互助保险公司）。

1666 年 9 月 2 日凌晨，伦敦城起火，火势迅速蔓延

当时伦敦城的灭火情形，所使用的灭火工具称为“火勾子”

尼古拉斯·巴蓬（1640 年—1698 年）

英国火灾互助会社——“携手”火灾保险社（Amicable Hand in Hand Society）徽标（1696 年）

保险公司制作的用于识别客户的火险牌匾。伦敦大火之后，出现了由保险公司组织的，为客户提供服务的专业消防队

1782 年成立的凤凰火灾保险公司签发的一份保险单

1708 年成立的太阳火灾保险公司签发的一份保险单

1688 年

伦敦劳合社

伦敦劳合社（Lloyd's of London），又称劳埃德社或劳合社，虽然严格意义上它不算保险公司，却是全球最重要的专业保险市场之一。其前身是由英国商人爱德华·劳埃德（Edward Lloyd）约于 1688 年在泰晤士河畔塔街所开设的咖啡馆，后来渐渐成为航运消息传播中心。1774 年，由咖啡馆 79 名商人共同出资，在皇家交易所成立劳合社，经营保险业务。

劳合社是迄今为止全球唯一允许自然人经营保险业务的市场。

劳合社海上保险经纪人 Robert 的业务招牌（约 1780 年）

18 世纪末，劳合社交易场景——承保人和经纪人在商谈

现在的劳合社承保大厅

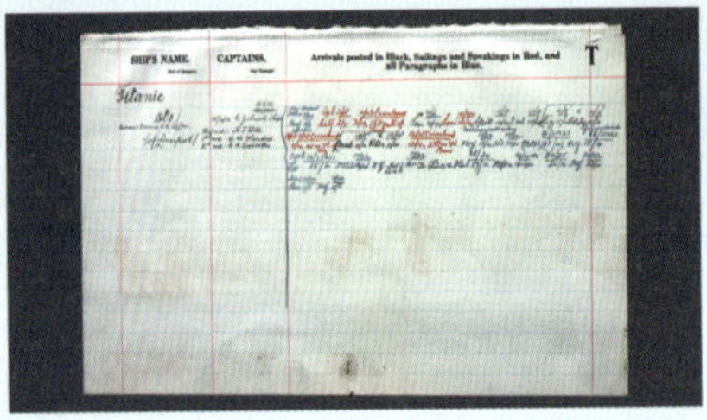

SHIPS NAME. | CAPTAINS. | Arrivals posted in Black, Sailings and Speakings in Red, and all Paragraphs in Blue. | T

Titanic

劳合社对泰坦尼克号邮轮的承保记录

被打捞起来的卢廷钟（Lutine Bell）。卢廷号原为法国海军护卫舰，1799 年 9 月沉没。劳合社承保了该船及所载货物，事故发生后，全额赔付了承保损失。1858 年，卢廷钟被打捞和修缮，现悬挂在劳合社的承保大厅。卢廷钟重 48 千克，钟口直径 48 厘米

卢廷钟的敲响规则：敲响一下，代表船舶受损；敲响两下，代表船舶安全返航。后来，卢廷钟出现裂缝，敲钟报凶吉的传统也于 1989 年停止

1693 年

第一张现代生命表

1693 年，英国天文学家和数学家埃德蒙德·哈雷（Edmund Harley）完成了第一张现代生命表，寿险业自此进入现代化阶段。英国寿险业在科学费率的支持下，发展迅速。

埃德蒙德·哈雷（1656 年—1742 年）

● 精算科学的演化

精算学的基础主要包括概率统计、利息理论与生命表，其理论基础在 16 世纪晚期已经奠定。

1613 年，英国数学家 Richard Witt 出版了 Arithmeticall Questions，形成复利理论。

1657 年，荷兰数学家 Christiaan Huygens 出版了 De ratiociniis in ludo aleae，概率统计理论基础基本形成。

1663 年，意大利数学家 Gerolamo Cardano 的著作 Liber de ludo aleae 出版，第一次系统地介绍了概率论。

法国数学家 Blaise Pascal 和 Pierre de Fermat 也在 16 世纪对概率理论作出重要贡献。

意大利数学家 Gerolamo Cardano（1501 年—1576 年）

1706 年

世界上第一家寿险公司在英国成立

1706 年 7 月，获得英国安妮女王（Queen Anne）特别授权后，牛津主教威廉·特尔伯特（William Talbot）在伦敦成立了和平会永久保险公司（Amicable Society for a Perpetual Assurance Office）。一般认为，这是世界上最早的寿险公司，其寿险计划非常接近通蒂计划。

具有分散风险和分摊损失功能的和平会或共济会，早期在英国很普遍。图为 1696 年成立的和平船舶共济会（Amicable Contribution Ship）图徽

1759 年，英国一家和平兄弟会向会员发出的缴费邀请函

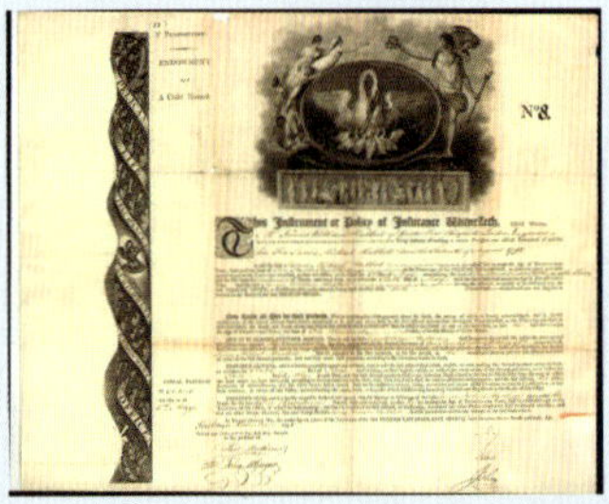

英国鹈鹕寿险和儿童储蓄保险公司（Pelican Life Insurance and Childrens Endowment Company）于 1798 年签发的寿险保单，左侧螺旋状装饰图案含有公司名字

1720 年

英国《泡沫法案》

18 世纪初期，英国股票市场投机之风盛行，最终因“南海泡沫”在 1720 年达到顶峰而崩溃。随即，英国实施了《泡沫法案》（Bubble Act），又称《反投机法》，只允许皇家交易保险公司（Royal Exchange Assurance Corporation）和伦敦保险公司（London Assurance Corporation）经营海上保险业务。但该法并没有禁止自然人以个人名义承保业务，劳合社因而得以生存且壮大。1824 年，《泡沫法案》被废止。

讽刺英国经济虚假繁荣的漫画《英国大气球》（作品年代，1784 年）

南海公司办公大楼及反映南海泡沫的漫画（作品年代，1720 年）。1711 年成立的南海联合股份公司，经过十年的膨胀发展引发了南海投机泡沫，被称为世界上第一次金融危机和第一个庞氏计划

By the CORPORATION of the ROYAL-EXCHANGE ASSURANCE of HOUSES and GOODS from FIRE, For Assuring Houses and other Buildings, Goods, and Ships from Fire; and also for the ASSURANCE of LIVES.

THIS Instrument or Policy of Assurance witnesseth,

皇家交易保险公司于 1884 年签发的一张保单

1751 年

美国第一家面向公众的火灾保险公司

本杰明·富兰克林（Benjamin Franklin）于 1751 年协助成立了一家会员制的美国费城住房火灾保险捐助会（Philadelphia Contributionship）。经营一年后，向社会公众开放，称为费城火灾保险公司。这是第一家真正意义上的美国保险公司，其突破了会员限制，开始向公众出售火灾保险单。

美国保险之父——本杰明·富兰克林（1706 年—1790 年）

费城火灾保险公司强调火灾防范。其风险管理理念是：

An ounce of prevention is worth a pound of cure.

（一盎司的防范，一英镑的回报。）

A penny saved is a penny earned.

（省下的就是挣下的。）

1759 年

美国第一家寿险公司

据考证，美国第一家寿险公司，是 1759 年宾夕法尼亚州和纽约州的长老会主教协会成立的“长老会牧师基金”（Presbyterian Ministers’ Fund），其为贫困人员、牧师及其遗属提供人寿保险保障。1787—1837 年，美国先后成立了 26 家向公众提供寿险业务的保险公司。当时，寿险行业的欺诈之风促使美国在 1871 年成立了全美保险监督官协会（NAIC）。

长老会主教协会在讨论神职人员及其家属以及贫困人员的人寿保险保障

弗朗西斯·艾力森（Francis Allison，1705 年—1779 年），于 1754 年向宾夕法尼亚州的长老会主教协会提议，建立稳定的牧师寿险基金，取代以往对过世神职人员及其遗属的临时慈善赠金

1762 年

英国公平寿险社，首家聘用精算师的保险公司

1762 年成立的英国公平寿险社（The Equitable Life Assurance Society，原名 Society for Equitable Assurances on Lives and Survivorships）是世界最古老的相互制保险公司。公平寿险社于 1776 年采纳了英国数学家詹姆斯·多得森（James Dodson）发明的费率计算方法，成为首家聘用精算师的保险公司。

威廉·摩根（William Morgan，1750 年—1833 年），威尔士人，英国物理学家、心理学家和统计学家。1775 年—1830 年，担任英国公平寿险社的精算师，被称为“现代精算学之父”。他还是第一位进行 X 光实验的科学家

1779 年

劳合社标准船货保单

1779 年，英国海上保险市场开始使用劳合社标准船货保单（Lloyd’s S. G. Policy）。此后近 200 年，该保单一直是国际海上保险市场的标准保单，直到 1982 年，英国海上保险市场才推出新的协会货物和船舶条款。

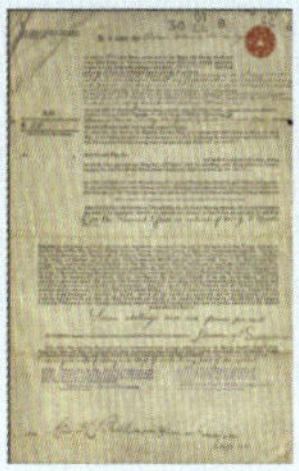

伦敦海上保险市场上，1901 年的一份标准船货保单

1780 年

印度保险市场

印度在西方贸易向远东扩张中，扮演着重要角色，也是现代保险制度传入中国的重要通道。据考证，1780 年—1810 年，印度已经有十几家英商保险公司和保险代理商。到 17 世纪中叶，印度已经吸收了伦敦市场海上保险做法。一家名为“Bimawala”的商号经营运输与保险业务。

印度著名保险公司 BimaWala 标识

新印度公司第一任总裁多拉博吉·塔塔（Dorabji Tata）。1919 年，印度本土保险公司——新印度保险公司（New India Assurance）成立，1973 年实施国有化，是迄今印度最大的国有财产保险公司

1792 年

美国第一家海上保险公司

1783 年结束的美国独立战争，使美国保险市场摆脱了英国法律的束缚，而法国革命和拿破仑战争也给美国对外贸易和海上保险市场提供了极大的发展契机。1792 年，美国第一家海上保险公司——北美保险公司（INA）在费城成立，该公司也是美国最古老的股份制公司。

INA 的公司招牌。INA 公司起初只经营海上保险，后扩展至火灾保险，是第一家承保建筑物和室内财产的美国保险公司

1795 年

美国第一家保险代理公司

1795 年，美国第一家保险代理公司 Davis & Reid 在南卡罗来纳州成立，广告称提供“选择承保人的服务”。大多数保险经纪公司则从 19 世纪开始涌现。1845 年在纽约城成立的 Johnson & Higgins 保险经纪公司于 1997 年被全球著名风险管理公司威达信集团（Marsh & McLennan Companies，Inc.）收购。

Johnson & Higgins 保险经纪公司成立 150 周年纪念品

1808 年

葡萄牙人在南美设立保险公司

拉美地区的保险业，早期由欧洲移民创立和经营。现有资料显示，成立于 1758 年的葡萄牙老牌保险公司——凯撒里斯本保险公司最早在巴西有经营活动。1808 年，该公司在巴西 Bahia 建立了两家保险公司，经营海上保险业务。

葡萄牙探险家佩德罗·阿尔瓦雷斯·卡布拉尔（Pedro Álvares Cabral，1467 年—1520 年），于 1500 年 4 月到达巴西，是第一个登陆南美的欧洲人

葡萄牙南美保险公司的徽章

1830 年

保险传播到非洲

非洲保险始于 1830 年—1840 年，荷兰和英国殖民者在南非设立火灾和人寿保险公司。非洲的本地保险公司，直到 20 世纪 60 年代才伴随民族独立运动开始成立。南非曾经是世界上人寿保险投保率非常高的国家之一。

一般认为，“南非火灾和人寿保险公司”（SA Fire and Life Assurance）是非洲第一家保险公司，该公司由英国人托马斯·布莱顿（Thomas le Breton）于 1831 年成立。布莱顿到达南非后，走访当地医生，到开普敦墓地查看墓碑上的出生和死亡日期，建立了第一份“南非人生命表”。图为 20 世纪 30 年代，南非开普敦街头

1846 年

第一家专业再保险公司成立

1842 年的汉堡大火，催生了保险行业对再保险的需要。1846 年，世界上第一家独立的专业再保险公司——科隆再保险公司（Cologne Re）在德国成立，标志着现代再保险的出现。1863 年和 1880 年，瑞士再保险公司（Swiss Re）和慕尼黑再保险公司（Munich Re）相继成立。

1852 年，世界上第一份专业再保险合同，德国科隆再保险公司为分入公司

慕尼黑再保险公司的创始人和第一任董事长卡尔·西耶姆（Carl Thieme）。2003 年，慕尼黑再保险公司和瑞士再保险公司成为进入中国市场的第一批国际再保险公司

1848 年

英国保诚保险公司成立

1848 年，英国保诚（Prudential）保险公司在伦敦成立，公司注册名称为“保诚相互保险投资与贷款协会”，业务目标是为中产阶级提供寿险和贷款。目前，英国保诚集团已发展成为提供全面金融服务的跨国公司。

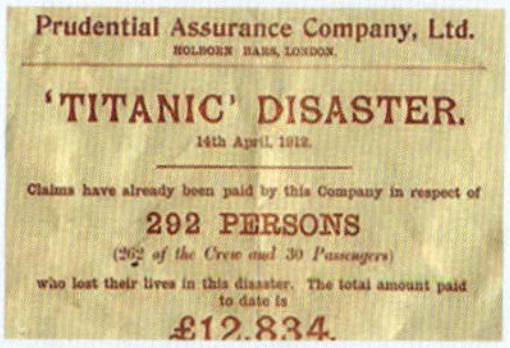

英国保诚保险公司对泰坦尼克号事故罹难者支付的保险金统计

1858 年

美国保险公司建立准备金

伊莱泽·赖特（Elizur Wright）是美国著名的数学家和发明家。他首次提出以保险公司偿付能力为监管目标的理念，是现代保险监管的里程碑。在其担任马萨诸塞州保险监督官期间，该州立法机关于 1858 年通过了《保险监管法》，强制保险公司建立准备金。

“现代保险监管之父”和“人寿保险之父”伊莱泽·赖特。伊莱泽·赖特名言：你购买人寿保险，不是因为你将会死去，而是因为你所爱的人还要活着

1860 年

新加坡保险业务出现

1819 年后，新加坡开始成为东南亚商业口岸。1860 年，利物浦皇家保险公司（Royal Liverpool Assurance）在新加坡设立保险代理行，这是新加坡保险业务的开端，主要为马来半岛的橡胶农场提供保险。新加坡第一家本土保险公司是 1908 年成立的大东方寿险公司（Great Eastern Life Insurance）。

利物浦皇家保险公司的大楼

1866 年

哈特福德公司与锅炉保险

哈特福德公司原本是康涅狄格州一家锅炉检验公司，后大胆涉足当时无人敢于问津的锅炉保险，于 1866 年成立“哈特福德蒸汽锅炉检验与保险公司”（Hartford Steam Boiler Inspection and Insurance Company，HSB），成为世界上第一家承保锅炉爆炸风险的保险公司，也是第一家以工业安全为目的而诞生的保险公司。2009 年，其被慕尼黑再保险公司收购。

19 世纪初的芝加哥，工厂烟囱林立。芝加哥纺织厂的一次锅炉爆炸，曾造成近 3000 人伤亡

HSB 早期（左）和现代的徽标。19 世纪初期，人们认为保险仅仅是一种应对损失的财务手段，而安全与风险控制对其来说是次要的。HSB 的成立，引领了一种创新理念

1871 年

美国全国保险监督官协会成立

19 世纪初期，美国的保险基本都是分州监管，由美国各州保险监督官组成的全国保险监督官协会（NAIC）在 1871 年成立，旨在为各州保险监管官提供专业知识、数据和分析，是美国保险标准制定和有效监管的支持组织。1945 年，美国国会颁布《麦卡伦 – 弗格森法》（McCarran Ferguson Act），确立了州级监管制度。

1871 年 6 月，NAIC 在纽约召开第一次大会，其工作目标是在保险监督官裁量权方面达成协议，并通过 NAIC 示范法来影响美国的保险立法。图为 NAIC 早期徽标

1873 年

日本最早的保险公司“保任社”创立

明治维新后，日本从封建社会向资本主义社会转变，开始出现现代保险业务。1873 年，日本最早的海上保险公司“保任社”成立。19 世纪末，外国资本开始进入日本保险业。日本目前是全球最大的人身保险市场，人均保单数量和家庭投保率均为全球第一。

TOKIO MARINE　成立于 1879 年的东京海上火灾保险有限公司，被认为是日本真正意义上的第一家保险公司，也是中国改革开放后，第一家被批准进入中国市场的日资保险公司

NISSAY GROUP　日本生命保险公司成立于 1889 年，是日本最大的人寿保险公司

1883 年

德国颁布《工人健康保险法》

第一次工业革命以后，传统农牧社会中的家庭保障作用日显不足，迫切需要各国政府出台制度化的保障措施。1883 年，德国颁布《工人健康保险法》（Gesetzbetreffend die Krankenversicherung der Arbeiter），这是世界上第一部现代社会保障立法，标志着社会保障制度正式出现。之后，德国于 1884 年和 1889 年相继推出工伤补偿制度和老年人社会保险，成为社会保障制度的先行者。

1883 年，德国《工人健康保险法》宣传画

1896 年—1897 年

英国和美国的汽车保险

1896 年，伦敦和布莱顿（英国南部城市）举行汽车比赛，苏格兰雇主责任和保险公司在这次比赛中不仅提供司机和乘客保险，且首次对车辆损失和第三方责任提供保险。

1897 年，美国人吉尔伯特·卢米斯（Gilbert J. Loomis）在马萨诸塞州造出他的第一辆蒸汽汽车，并投保了美国第一份汽车责任保险。1927 年，马萨诸塞州首次通过法律，要求驾车人购买汽车责任保险。

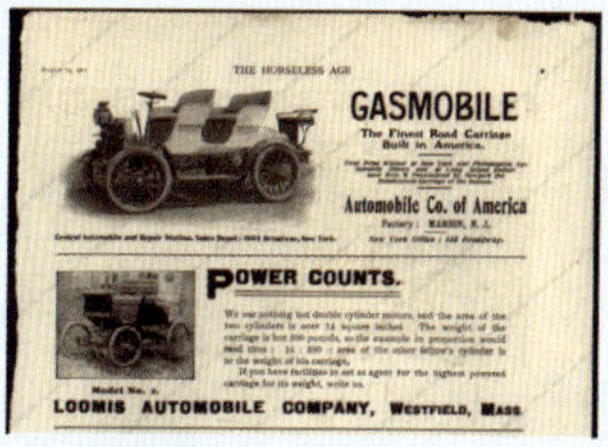

1901 年 8 月 14 日，The Horseless Age 杂志刊登的吉尔伯特·卢米斯汽车公司的广告

1897 年

英国特许保险学会

英国特许保险学会（Chartered Insurance Institute，CII）是全球著名的保险行业学会，从 1913 年起，致力于保险职业资质和教育服务，其前身是成立于 1897 年的大不列颠和爱尔兰保险联合会（The Federation of Insurance Institutes of Great Britain and Ireland）。弗雷德里克·威廉·帕斯科·拉特爵士（Frederick William Pascoe Rutter）是 CII 的创办人。

CII 的盾形徽章

第四阶段

社会治理服务阶段　　20 世纪初期—21 世纪初期

进入 20 世纪后，随着经济发展、科技进步和地缘政治演化，社会风险越来越复杂。两次世界大战对全球保险行业产生了深远影响。这一时期，重要的商业保险立法和政府保险立法陆续出台，保险不仅是经济发展的重要“稳定器”，更成为社会治理的重要工具。

1906 年

英国《海上保险法》

英国 1906 年《海上保险法》(Marine Insurance Act)由英国直布罗陀最高法院首席法官麦坎兹·查默爵士(Mackenzie D. Chalmers)起草，是在英国王座法院首席大法官曼斯菲尔德伯爵(1st Earl of Mansfield)研究或经手的上千判例基础上，结合伦敦市场惯例而形成的法律。该法对世界其他国家的海上保险法乃至保险法，产生了深远的影响。

威廉·莫里(William Murray，1705 年—1793 年)，受封曼斯菲尔德伯爵

旧金山大地震

1906 年 4 月 18 日，美国旧金山发生里氏 8.3 级地震，引发的大火烧了四天四夜，经济损失按当时货币计算，达 3 亿美元，保险损失约 1.75 亿美元。虽然保险单并不承保地震造成的火灾损失，但各家承保公司还是决定支付赔款。在全球保险界的支持下，旧金山仅仅用了三年就基本完成震后重建。

1906 年，大地震后的旧金山市

《阿姆斯特朗报告》

鉴于通蒂计划在美国寿险市场产生的严重问题，美国纽约州参众两院于 1906 年联合成立由参议员威廉 · 阿姆斯特朗（William Armstrong）领导的调查委员会，对纽约州寿险业进行深入调查，最后形成《阿姆斯特朗报告》（Armstrong Report）。此后，纽约州禁止了通蒂保单，并加强了对保险公司的监管。该报告对纽约州保险法具有重要影响，为美国寿险发展的长治久安奠定了基础。

阿姆斯特朗调查委员会在开会

美国政治家和律师威廉 · 阿姆斯特朗（1864 年—1944 年）

1912 年

泰坦尼克号邮轮沉没

泰坦尼克号邮轮（RMS Titanic）于 1912 年 4 月 10 日中午开启从英国南安普顿到美国纽约的首次航行，4 月 14 日深夜，在北大西洋加拿大纽芬兰（Newfoundland）海域与冰川相撞，两个多小时后沉没。船上人员共 2224 名，其中 1514 人罹难。劳合社承保并全额赔付了泰坦尼克号的损失。此后，劳合社积极致力于提高电信技术，确保船舶在航行中，与陆地能够有效沟通。

劳合社承保人签发的泰坦尼克号的承保条

泰坦尼克号邮轮启航。泰坦尼克号事故后，国际海事组织于 1914 年颁布《国际海上人命安全公约》(SOLAS)，规定救生设备的数量须与船舶设计承载人数相等，而泰坦尼克号的救生设备数量只有设计承载人数的一半

泰坦尼克号海底残骸。1912 年 1 月，劳合社承保了泰坦尼克号 100 万英镑的船舶保险。由于该轮曾被认为“永不沉没”，故保费只有 7500 英镑

1912 年—1965 年

航空保险和航天保险的出现

1912 年，劳合社签发第一份航空保险单，承保在英国索尔斯堡平原举行的一场飞行比赛。不幸的是，比赛当天，几架飞机坠落，劳合社承保人损失惨重，新兴的航空保险一蹶不振。

1965 年，美国发射国际通信卫星，向劳合社投保 350 万美元“卫星发射”保险，开启航天保险的第一步。

“挑战者号”发射升空。1986 年 1 月 28 日，“挑战者号”宇宙飞船（Space Shuttle Challenger）发射 73 秒后发生爆炸。7 名宇航员的保险赔偿高达 2000 万美元。而包括航天飞船、卫星和哈雷监测器在内价值 13.1 亿美元的财产，因为没有商业保险保障，损失全部由美国政府承担

1919 年

英国建立官方性质的出口信用保险机构

出口信用保险最早可追溯至 19 世纪末的英国和德国。1919 年，英国成立第一家官方支持的出口信贷担保机构——英国出口信用担保局（ECGD）。随后，欧洲其他国家和美国也相继建立各自的官方出口信用保险和担保机构，为本国出口贸易和海外投资提供信贷支持和政治风险保障。这是继社会保障后，又一个政策性的保险机制。

UK Export Finance

英国出口信用担保局的执行机构——英国出口融资局的徽标

1929 年

蓝十字组织成立

蓝十字组织（Blue Cross）是一个全美健康保险计划协会的名称，前身是1929 年由美国达拉斯贝勒大学医院管理者创立的“贝勒计划”（Beylor Plan）。该计划为本地区公立学校教师提供可负担的住院医疗服务。1939 年，另一个医疗保险组织——蓝盾组织（Blue Shield）诞生，雇主以月付费方式向医生协会购买面向雇员的门诊医疗服务。当时的雇员主要是当地的伐木工和矿工。

第二次世界大战后，美国经济高速发展，社会对健康保险的需求持续增长。经过几十年的不断发展，1982 年 11 月，蓝十字组织和蓝盾组织合并，成立著名的双蓝医疗保险组织（BCBS）。蓝十字组织和蓝盾组织，是美国医疗保险制度的先驱与基石。

BlueCross BlueShield

双蓝医疗保险组织徽标

20 世纪 50 年代，蓝十字和蓝盾组织在美国农村地区所设立的服务场所

1933 年

美国《银行法》颁布，联邦存款保险公司成立

1929 年—1933 年，美国股灾导致 9000 多家银行中止营业或破产，存款损失约 13 亿美元，引发极大的社会恐慌，美国银行系统濒临崩溃。1933 年 6 月 16 日，美国总统罗斯福签署《银行法》(又称 Glass-Steagall Act，《格拉斯 - 斯蒂格尔法》)，设立了联邦存款保险公司（FDIC）。该制度在一定程度上挽回了民众对美国银行体系的信任。

美国联邦存款保险公司的早期徽章

1929 年—1933 年大萧条期间，美国银行挤兑潮

1935 年

美国总统罗斯福签署《社会保障法》

随着工业化程度加深，美国威斯康星州在 1911 年实施了美国第一部《劳工补偿法》。1929 年，经济危机席卷整个资本主义世界。在此背景下，1935 年，美国总统罗斯福签署《社会保障法》（Social Security Act），该法是美国第一部主要由联邦政府承担义务的全国性社会保障立法，标志着美国现代社会保障制度的确立。

1911 年 9 月 1 日，在威斯康星州实施的美国第一部《劳工补偿法》（Workers' Compensation Act）

信合保险公司

信合保险公司（CUNA Mutual Insurance Society）是一家专门服务于美国信用社及其会员的相互制保险公司，1935 年成立于美国威斯康星州。信合保险公司为信用社会员提供贷款保护和终身储蓄保险。信合保险的商业理念是“债务人逝则债务清”。信合保险公司推出个人信用寿险业务，建立了与信用社近百年的联姻合作，是银行和保险混业经营的典范。

爱德华·费林（Edward A. Filene，1860 年—1937 年），美国商人和慈善家。他以建立费林百货连锁商店并在全美开创信用合作社而闻名，推动和参与了马萨诸塞州 1908 年第一部信用社法案的制定

CUNA MUTUAL GROUP

美国信合保险集团的标志，双手代表保险和信贷双重呵护，圆球代表全球和信用社会员大家庭。信合保险集团曾于 2005 年与对外经济贸易大学签署为期三年的合作协议

1938 年

美国联邦农作物保险项目

美国 20 世纪 30 年代的经济大萧条及沙尘暴和干旱，对农业经济造成严重影响。1938 年，美国建立了联邦农作物保险公司（Federal Crop Insurance Corporation，FCIC），承保粮食主产区重点农作物。1980 年《联邦农作物保险法》（The Federal Crop Insurance Act）出台后，联邦农作物保险才正式转正，是“政府主导、商业运营、服务配套”模式的代表。

美国从 1862 年开始实施《宅地农场法》（Homestead Act），鼓励对密西西比河以西的土地进行大力开垦，导致土壤退化，出现沙尘暴。图为 20 世纪 30 年代，美国出现的沙尘暴

1940 年

商业一般责任保险

责任保险最早可追溯至 19 世纪初期海上保险承保的船舶碰撞责任，以及 19 世纪后半叶出现的雇主责任保险和汽车责任保险。而一般责任保险最早的类型是公众责任保险，大约出现于 19 世纪末的美国。美国至少在 1940 年就推出了商业一般责任保险（CGL）的标准保单。之后，该产品经历了 1955 年—2013 年的 12 次修订。

商业一般责任保险承保工商企业经营中，所普遍面临的场所和操作责任风险，也承保产品和工程责任风险，是责任保险领域的基础产品。起初，CGL 是 Comprehensive General Liability 的缩写，意味着“综合一般责任”保险，1986 年修订为 Commercial General Liability，即“商业一般责任”保险，承保责任更加明确

1942 年

英国贝弗里奇计划

英国牛津大学教授威廉·贝弗里奇（William Beveridge）爵士，受英国战后重建委员会委托，研究和构架英国社会保障体系，并于 1942 年发表《贝弗里奇报告》（Beveridge Report）。该报告建议为所有在工作年龄内的人建立均等化的社会保障。英国政府基本接受了贝弗里奇的主张，通过颁布一系列法律，建立了全国统一的社会保障体系，英国从而成为世界上第一个福利国家。

英国 1942 年《贝弗里奇报告》

1945 年

美国《麦卡伦 - 弗格森法》

1945 年，美国国会通过《麦卡伦 - 弗格森法》（McCarran-Ferguson Act），将保险监管权力归还各州。虽然美国保险业仍在美国《反托拉斯法》（Sherman Antitrust Act）的监管之下，但是《麦卡伦 - 弗格森法》赋予保险业有限的豁免，包括允许保险公司搜集历史损失数据来厘定费率，并允许保险行业联合开发保单。但该法的宗旨是确保保险州级监管不会超越联邦《反托拉斯法》。

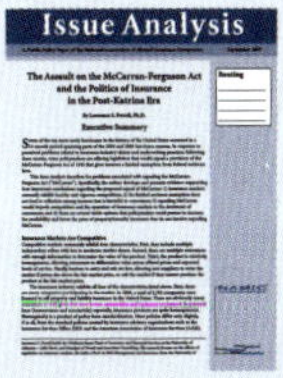

学术界对《麦卡伦 - 弗格森法》的研究和讨论

1968 年

美国国家洪水保险项目

美国政府根据 1968 年的《国家洪水保险法》(The National Flood Insurance Act of 1968) 设立了国家洪水保险项目 (National Flood Insurance Program, NFIP), 旨在通过该保险项目分摊高风险地区遭受洪水的损失并限制洪泛区开发。目前，美国联邦应急管理署 (FEMA) 是 NFIP 的管理机构。

FEMA 和 NFIP 的徽标

1971 年

美国海外私人投资公司

第二次世界大战后，美国实施“马歇尔计划”以支持欧洲重建。依据 1968 年通过的《对外援助法案》, 1971 年，美国政府设立海外私人投资公司 (Overseas Private Investment Corporation, OPIC), 为私人投资者提供海外投资融资及政治风险保障。

OPIC 早期司标。OPIC 承保海外私人投资的政治风险，包括禁止汇兑、国有化、政治暴力、东道国政府违约等。根据投资优化法律，OPIC 于 2020 年被美国国际开发金融公司 (DFC) 所取代

20 世纪 80 年代

银行保险开始流行

比利时 CGER 储蓄银行早在 1860 年就提供了抵押贷款类保险，此为最早的银行保险业务。1980 年后“银行保险”（Bancassurance）在欧洲市场流行。据统计，目前，欧洲寿险保费的 35% 来自银保渠道。

美国 1933 年的《银行法》禁止银行与其他金融服务商混合经营，直到 1999 年，美国法律解除金融分业经营的限制，银行才被允许出售保险产品。

比利时 CGER 银行早期标志

1850 年的比利时 CGER 大楼

1992 年
安德鲁飓风

1992 年 8 月 24 日，安德鲁飓风（Hurricane Andrew）在美国佛罗里达州登陆，造成的经济损失达 155 亿美元，16 家保险公司破产。安德鲁飓风之后，佛罗里达州政府出手干预保险市场，设立政府保险项目，提供飓风保险和再保险支持。安德鲁飓风极大地改变了国际保险市场对巨灾损失的认知，开启了保险证券化（ILS）的时代。

州农保险公司（State Farm）是美国最大的财险公司。2005 年，卡特里娜飓风后，民众表达对该公司保险理赔的不满

1999 年
《金融服务现代化法案》

美国 1999 年通过《金融服务现代化法案》（Financial Services Modernization Act of 1999），亦称《格雷姆 - 里奇 - 比利雷法案》（Gramm-Leach-Bliley Act），从法律上消除了银行、证券、保险机构的业务边界，结束了美国长达 66 年之久的金融分业经营历史，银行保险业务在美国发展起来。该法还对金融安全作出详尽规定，对美国保险业的发展具有重要影响。

1999 年 11 月 12 日，美国总统比尔•克林顿签署《金融服务现代化法案》

2001 年

“9 · 11”恐怖袭击及保险索赔

2001 年 9 月 11 日，恐怖分子在美国境内劫持 4 架民航客机，实施自杀式恐怖袭击。其中两架飞机撞击了纽约世贸中心（World Trade Center）双子塔，整个袭击事件造成 2763 人丧生，保险损失高达 400 亿美元。2002 年，美国国会通过《恐怖风险保险法》（Terrorism Risk Insurance Act，TRIA），设立了联邦政府财政兜底的恐怖风险保险计划。

2001 年 9 月 11 日上午，恐怖袭击发生后，纽约街头逃生的人

世贸中心北塔和南塔在 18 分钟内先后被袭击，一个多小时后，均发生坍塌。世贸中心两座大楼价值约 70 亿美元，其财产保险由 25 家保险公司共同承保。由于保险条款的差异，不同的保险公司按一次事故或两次事故进行了赔偿

美国安然公司管理丑闻

2001 年，美国安然公司（Enron）、世通公司（WorldCom）等曝出一系列公司管理丑闻。2002 年，美国出台《萨尔班斯 - 奥克斯利法案》（Sarbanes-Oxley Act），对上市公司财务报告内外部审计的透明度和质量提出更高要求。进一步的，美国反欺诈财务报告全国委员会于 2004 年 9 月发布《企业全面风险管理框架》（ERM 框架），对企业内控设立了重要原则及指导，开启了企业全面风险管理时代。

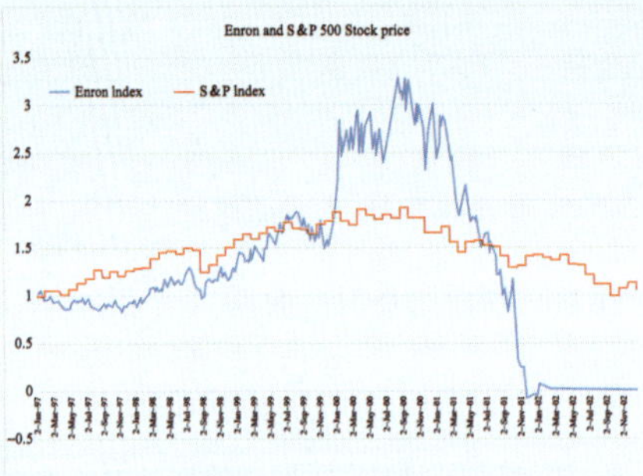

安然公司股价一泻千里。2001 年 12 月，美国第七大公司、最大的电力公司——安然公司申请破产

安然公司因破产被摘牌

2008 年

金融危机，保险巨头被接管

2008 年，美国房地产市场崩盘，作为抵押物的房产大幅贬值。美国保险巨头——国际保险集团 AIG 公司的标普和穆迪评级从 3A 骤降至 1A，其信用违约掉期业务（CDS）所要求的担保金激增，造成巨大的流动性危机，联邦政府被迫出手救市。与此同时，创立于 1850 年的雷曼兄弟（Lehman Brothers）等金融机构破产，金融危机全面爆发。

Visit WSJ.com to See Our New Look and Features

THE WALL STREET JOURNAL.

AIG, Lehman Shock Hits World Markets

Focus Moves to Fate of Giant Insurer After U.S. Allows Investment Bank to Fail; Barclays in Talks to Buy Core Lehman Unit

AIG Faces Cash Crisis As Stock Dives 61%

《华尔街日报》对 AIG 和雷曼兄弟银行危机的报道。2008 年，金融危机爆发后，美国财政部和纽约联邦储备银行以 AIG 79.9% 的资产作为抵押，向其提供 850 亿美元贷款。最终，AIG 靠政府救市重组渡过了金融危机

第五阶段

信息化及保险科技阶段　　21 世纪初期至今

信息化和大数据改变了社会经济形态，保险业进入数字化变革的时代。这一时期，风险形态更加复杂和多元化，网络风险、健康风险、环境风险和全球化风险凸显。保险科技主导产业发展方向。大数据、人工智能、区块链和物联网等新兴技术，正不断改变传统的保险模式。

2012 年

自动驾驶汽车上路测试

2012 年，美国内华达州首次立法，允许自动驾驶汽车在公共道路上进行测试。

智能汽车和共享经济的发展给传统汽车保险市场带来巨大挑战。2019 年 8 月 28 日，全球著名的电动汽车生产商特斯拉正式推出“基于使用”的计价保险（Usage-Based Insurance，UBI），实行月度付费，可供购买的最小保险期间为 1 分钟。

内华达州进行自动驾驶测试的车辆，使用红色车牌

保险科技公司兴起

全球保险科技发展引发了保险经营模式的革命。成立于 2012 年的奥斯卡健康保险公司（Oscar Health），是全球较早的保险科技公司之一，通过纽约总部的技术接口，为用户提供全天在线远程医疗服务，包括在线问诊、提供非处方药（OTC）、健康医疗保险快速核保等。

奥斯卡健康保险公司街头广告。在互联网浪潮下，全球保险科技初创企业蓬勃发展。2020 年，全球四分之三的保险合同都与保险科技有关

2013 年

计算机网络风险

2013 年，美国零售百货公司塔吉特（Target）宣布遭受网络攻击，涉及 700 万顾客的资料信息被泄露，经济损失 2.35 亿美元，而保险赔偿只有 9000 万美元。

据瑞再研究，勒索软件是主要的网络风险，成为网络风险保险主要的致损原因，金融、保险、电信、媒体和专业技术服务等行业成为重灾区。

塔吉特是仅次于沃尔玛的美国第二大零售百货公司。保险公司强调被保险企业的应急管理和营业持续管理，否则，网络风险保险一单难求

媒体披露摩根大通银行（J. P. Morgan）用户信息泄露情况。摩根大通是美国资产规模第一的银行，2014 年，频繁遭遇网络攻击

2015 年

英国 2015 年《保险法》实施

相比 1906 年《海上保险法》最大诚信原则，英国 2015 年《保险法》引入公平提示义务（fair duty of presentation），适用于商业保险合同，在投保人和保险人之间更多地平衡了信息披露责任。英国 2015 年《保险法》被称作保险法的一场“革命”。

保险法专家约翰•克拉克（John L. Clark）将英国 1906 年《海上保险法》和 2015 年《保险法》进行了比较研究

2020 年

新冠疫情

据瑞士再保险公司统计，2020 年，新冠疫情（Coronavirus）造成全球 GDP 下降 3.9%，经济损失约 45 亿美元，其中只有 1% 为保险损失。由于条款限制，现有的营业中断保险一般无法赔偿新冠疫情所致损失。受疫情影响，全球寿险死亡给付金增加，寿险准备金规模亦将有所增加。

据全球著名的风险管理公司——怡安公司（Aon）《2021 年全球风险管理调查报告》显示，流行病风险在前十大风险排名中，位居第七。但是，其他风险大都与新冠疫情流行有关，包括网络风险、营业中断、经济衰退、供应链危机、商品价格波动等

日本的 P2P 保险

2020 年 9 月，日本第一个经政府批准的 P2P（Peer to Peer Insurance，点对点保险）保险平台——justInCase 保险株式会社，在监管框架下进入试点状态。该平台将癌症患者聚集在一起，形成点对点模式的小型风险共担群体。

借助保险科技，具有互助性质的 P2P 保险平台在全球许多国家陆续涌现。这些 P2P 保险项目再现了几千年前人类朴素的互助思想——“一人为众，众为一人”。而今，互助的范围更为广泛，费用分摊更加清晰，组织管理更加高效。

日本 justInCase 癌症互助平台宣传画

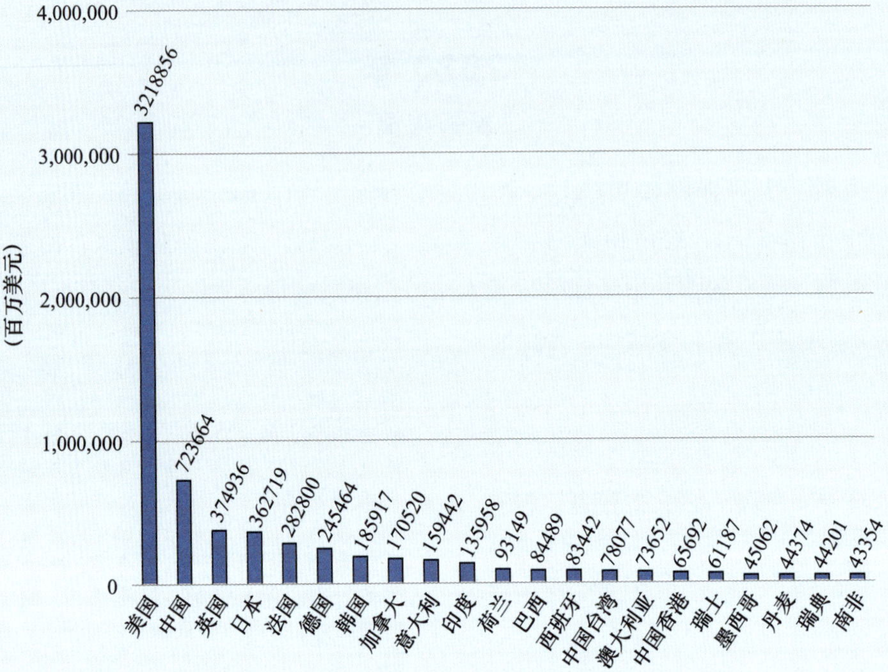

2023 年，全球总保费收入前二十名的国家和地区

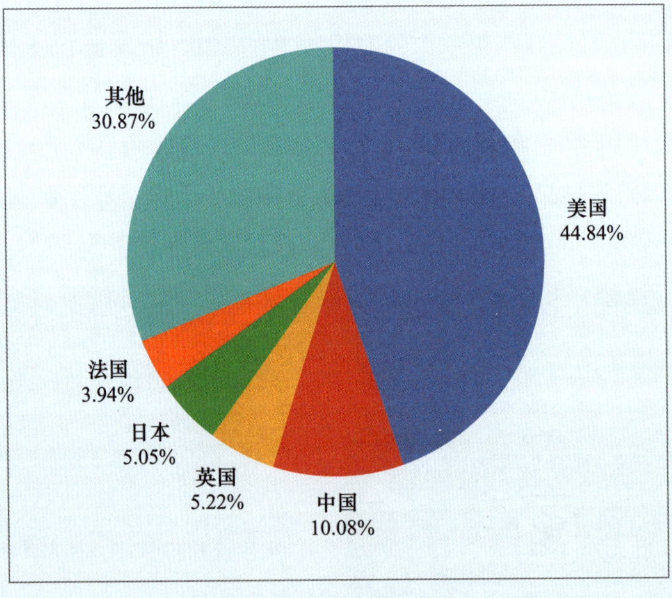

2023 年，全球保险市场份额

第二部分

PART TWO

中国保险历史

中国是世界文明古国之一，先人在应对各种风险的过程中，很早就有了原初形态的保险思想。但在自给自足的农耕经济以及重农抑商的社会形态下，直至 19 世纪初，伴随西方国家贸易东扩，海上保险方传入中国，中国保险业的发展由此拉开序幕。在两百多年的发展历程中，中国保险业经历了外资保险登陆、民族保险兴起、人民保险曲折发展、国内业务恢复和“入世”后飞速发展的历史阶段。

Part II History of Insurance in China

As one of ancient cultures, China had long ago produced its own prototype of insurance ideology in the process of dealing with risks by its ancient people. But due to the limits of such an autarkic farming society, the insurance industry in China just started after trade by Western countries extended into China in the early 19th century. In the course of over two hundred years' growth, the Chinese insurance industry has experienced the landing of foreign-run insurance, emerging of national insurance, meandering development of people's insurance, resuming of domestic insurance operation and rapid rise since accession to WTO.

一、中国古代朴素的保险思想

在中国古代，民间和官方都有一些互助共济的做法和制度。据考证，大约在公元前2000年，就有了“分舟运米”的民间约定。其他做法还包括旨在转嫁风险的“红提单”、互助救济的“宗亲福利会”、应对饥馑的汉朝“常平仓”和宋朝“社仓”等荒政，无不体现中国历史文化中的保险思想和智慧。

中国古代漕运，已有“分舟运米”的做法

河北蔚县“常平仓”遗址

二、西方保险传入并影响中国

15 世纪、16 世纪之交，随着新航线的开辟，全球贸易路线拓展。18 世纪至 19 世纪上半叶，中西方之间开始建立直接的贸易联系。清政府于 1757 年特设广州为唯一对外通商口岸。伴随西方贸易东扩，保险制度开始传入中国。

（一）西方保险传入中国

1805 年

谏当保险行和谏当保险公司

1805 年，英国东印度公司鸦片部经理在广州设立谏当保险行（Canton Insurance Society），代理英国保险人展业和提供理赔服务。后来，谏当保险行由怡和洋行和宝顺洋行轮流管理。

1835 年，怡和洋行接管谏当保险行，成立谏当保险公司，又称广州保险有限公司（Canton Insurance Office Ltd.），这是中国历史上第一家保险公司。宝顺洋行则退出合作关系，成立了于仁洋面保安行（Union Insurance Society of Canton），又称友宁保险行，为中国历史上第二家保险公司。

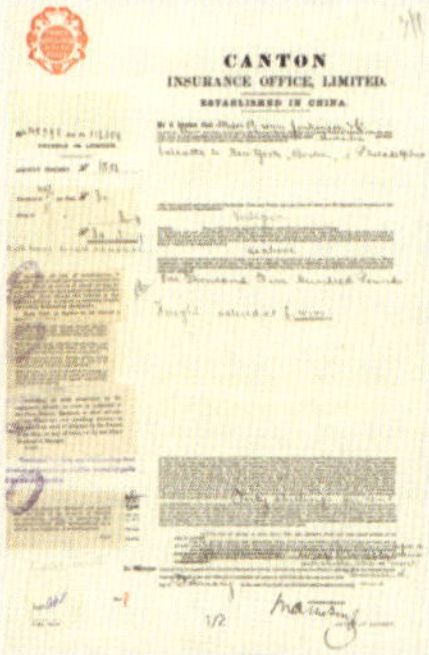

广州保险有限公司第一张保单

广州保险有限公司的股权证

于仁洋面保安行徽章

1837 年

Insurance 早期的中文翻译

德国传教士郭士立（Karl Friedrich August Gutzaff）精通中文。大约在 1837 年，他将 Insurance 翻译为“担保”，将保险公司翻译为“保举会”。约 19 世纪五六十年代，Insurance 始被翻译为“保险”并被普遍使用，其在广东地区音译为“燕梳”。

郭士立（1803 年—1851 年），另译郭实腊，普鲁士路德宗传教士、医生、探险家和翻译家，精通中文白话、闽语、粤语、潮州话和客家话，其创办的新式中文报刊《东西洋考每月统记传》成为国人了解西方政治文化的重要渠道

（二）现代保险思想启蒙

19 世纪初，在西方保险实务引进中国的同时，保险知识和理念也在中国逐步传播。晚清时期，中国知识分子和开明人士也通过各种著作来传播保险思想。

1. 魏源与《海国图志》

鸦片战争后，林则徐寻求御辱图强之道，托好友魏源编纂《海国图志》。1843 年 1 月，该书刻印初版于扬州，为世界地理、历史综合性图书，是中国首批代表性的西学著作之一。1852 年扩展至 100 卷，在第 51 卷中介绍了英国海上保险。魏源被称为“中国保险思想第一传播人”。

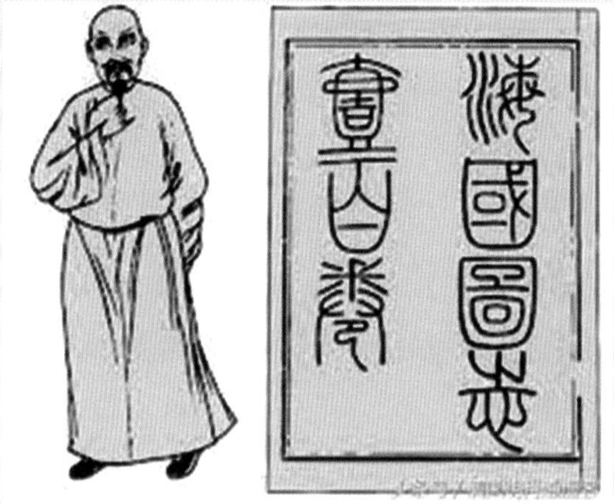

魏源（1774 年—1857 年）及《海国图志》

2、洪仁轩与《资政新篇》

1859 年，太平天国运动领袖洪秀全的族弟洪仁轩，以总理政务的身份撰写了太平天国的施政纲领《资政新篇》，介绍了西方的治国方略。其中“法法类”介绍了西方保险，主张设立火灾保险和人寿保险制度。

太平天国“干王”洪仁轩（1822 年—1864 年）

3. 王韬与《代上广州冯太守书》

王韬（1828 年—1897 年）

王韬，中国新闻史上第一位报刊政论家，中国维新变法运动的先行者。他主张“轮船招商和保险二者要当相辅以并行”，呼吁建立中国人自己的保险公司。1883 年，著《代上广州冯太守书》，体现其主要保险思想。

4. 郑观应与《盛世危言》

郑观应 (1842 年—1922 年)，中国近代最早具有完整维新思想体系的理论家。其代表作《盛世危言》编于 1894 年，次年的增订本中，全面论述了保险原理、国外保险公司险种，主张中国自办保险，认为“这样的保险公司不嫌其多，从此可以不为外人掣肘也”。

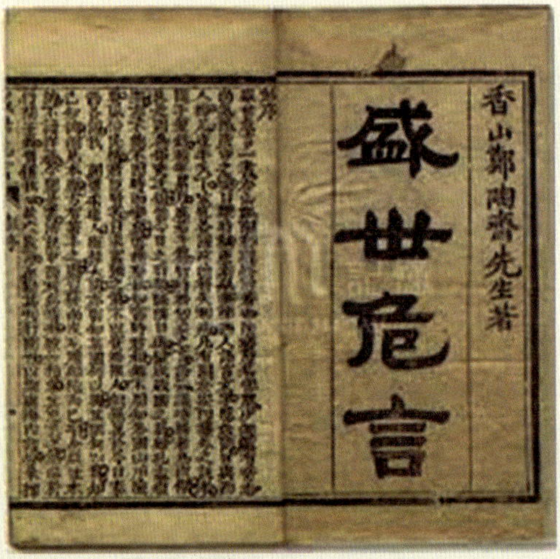

郑观应著作《盛世危言》

三、鸦片战争和甲午战争后的中国保险（1840 年—1911 年）

1842 年以前，外商保险的范围仅限于广州。鸦片战争和甲午战争后，一系列不平等条约将外商的活动范围扩大到中国 16 个城市，形成香港和上海等保险中心。

（一）鸦片战争后

● 外商保险在华经营情况

两次鸦片战争后，中西贸易增长迅速，在华外商保险业务经历了一个快速发展时期。1862 年—1875 年，至少有 16 家外商保险公司在中国成立。外资寿险公司开始进入中国。

1842 年，香港开埠后，大量洋行入驻，代理英国保险公司和劳合社的业务。图为反映 1842 年香港的画作

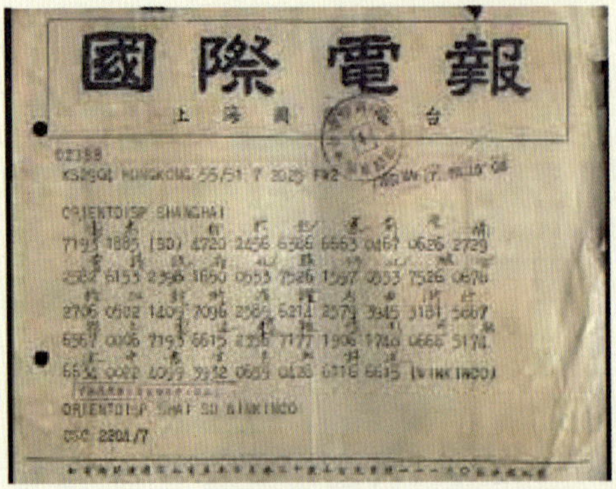
國際電報

上海國際電台

鸦片战争后，上海通商，大量外商涌入，上海很快发展成为远东金融保险中心。到 1871 年，上海和伦敦之间已经可以互发电报。图为一份上海国际电台的电报

THE NORTH-CHINA HERALD.

上海第一家英文报纸《北华捷报》，1850 年 8 月 3 日的创刊号刊登了英商康联人寿的广告，这是外商在华经营人寿保险业务的最早确切记录。

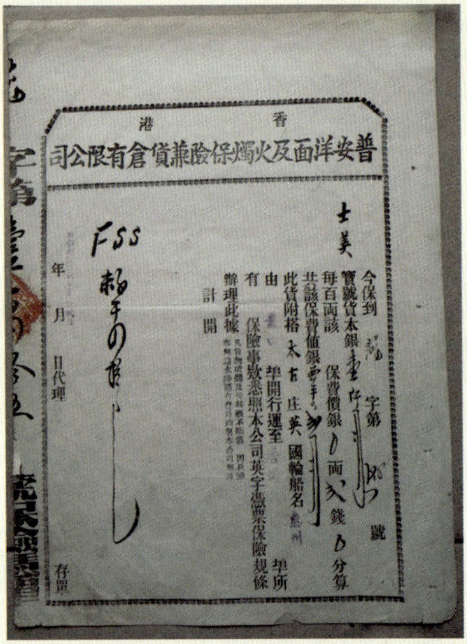
香港

普安洋面火燭保險兼貨倉有限公司

英商怡和洋行于 1866 年在香港创办火烛保险公司，这是中国第一家火险公司。中国火险的出现比寿险晚了 20 年。图为香港一家火烛保险公司的保单

Standard Life

英国标准人寿集团的前身永福人寿保险公司，于 1847 年在上海成立独资寿险公司。1900 年，永福人寿率先编制了“1846—1900 中国人生命表”。图为英国标准人寿集团徽标

● 民族保险的发展

鸦片战争后，洋务运动出现。李鸿章等洋务官员以挽回利权、自强求富为目的，开始学习西方保险制度，于 1875 年建立了官办保险机构保险招商局。之后，唐廷枢又融资扩股创办了仁和、济和保险公司。1886 年，两家公司合并，成立仁济和保险公司，开启了中国近代民族保险业的发展历程。随后，民族资本兴办保险，经历了第一次发展浪潮。

保险招商局是我国第一家有确切史料证实的华商保险企业。图为创办保险招商局的轮船招商局总办唐廷枢（1832 年—1892 年）

保险招商局在上海外滩的旧址

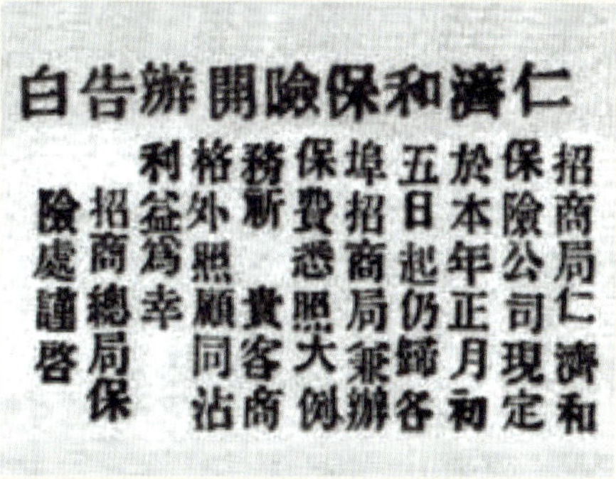

仁濟和保險開辦告白

招商局仁濟和保險公司現定於本年正月初五日起仍歸各埠招商局兼辦保費悉照大例務祈貴客商格外照顧同沾利益為幸

招商總局保險處謹啓

仁济和保险公司开办声明书

鸦片战争后成立的民族保险公司

时间	名称	地点	业务	备注
1877 年	安泰保险有限公司	香港	船货水险	粤东富户集资兴办
1880 年	常安保险有限公司	香港	水火险	均具有安泰背景
1881 年	万安保险有限公司	香港	水险	
1882 年	上海火烛保险有限公司（上海保险公司）	上海	中外房产家具货物火险	首董是怡和洋行买办、唐廷枢之兄唐茂枝

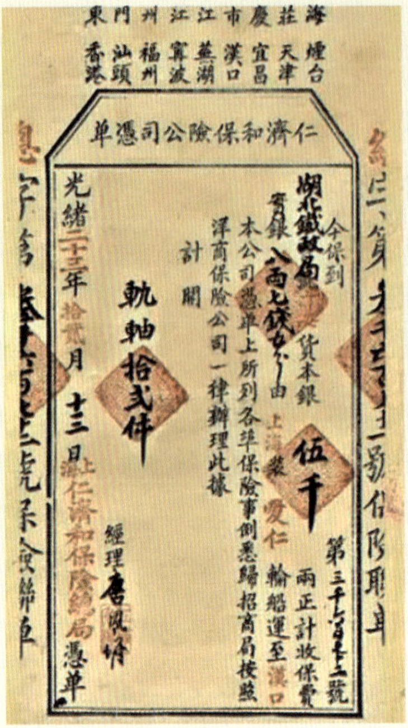
仁濟和保險公司憑單

今保到 湖北鐵政局 貨本銀 伍千 兩正計收保費
由 上海 裝 輪船運至 漢口
本公司憑單上所列各埠保險事例悉歸招商局核照
洋商保險公司一律辦理此據
計開 軌軸拾貳件
光緒二十三年拾貳月十三日
上海仁濟和保險總局
經理 憑單

仁济和保险公司保单

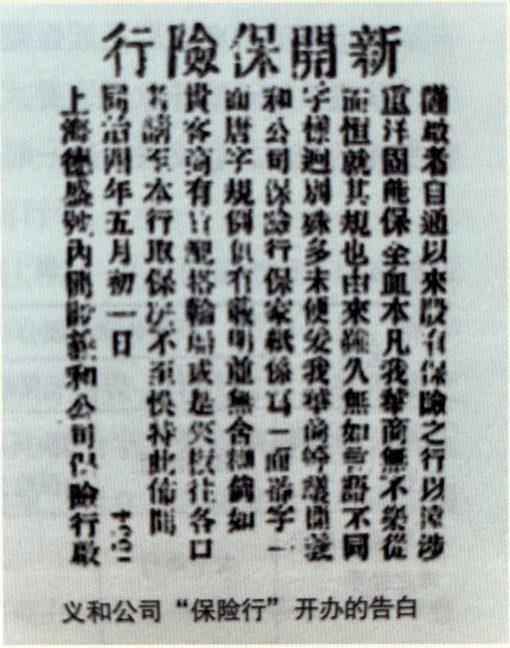
新開保險行

謹啟者自通以來設有保險之行以護涉
重洋固能保全血本凡我華商無不樂從
而恒就其規也由來雖久無如章程不同
字樣迥別殊多未便茲我華商吟議開設
和公司保險行保家概係一面華字一
面唐字規例俱有載明並無含糊錯如
貴客商有貨配搭輪船或是與往各口
者請至本行取保決不誤悞特此佈聞
同治四年五月初一日
上海德盛號內開設義和公司保險行啟

义和公司“保险行”开办的告白

华商保险行是洋商保险的代理，因其存在，提升了国人的保险意识，为民族保险公司的产生准备了条件。图为第一家华商代理人——义和公司保险行 1865 年开办的告白

（二）甲午战争后

甲午战争后，中国半殖民地化程度大大加深，市场被迫进一步开放。外商保险公司继续扩大在华经营，加快寿险市场扩张。清政府尝试政治变革，出现了 19 世纪末的百日维新和 20 世纪初的新政举措，民族保险业有了一次较大发展，华商保险同业公会开始出现。清政府重视保险业，考虑制定保险法规。

《马关条约》签订后，日本明治火灾保险株式会社和日本帝国生命保险株式会社最先进入台湾市场。图为清朝政府官员签订《马关条约》

甲午战争后，中国民族资本兴办的部分人寿保险公司

时间	公司名称
1900 年	香港永福水火人寿保险公司
1905 年	上海华洋永庆人寿保险公司
1907 年	上海华安人寿保险公司
1909 年	上海允康人寿保险公司
1909 年	上海永宁人寿保险公司
1909 年	上海延年人寿保险公司

中国民间出现的互助保险组织

时间	地区	名称或保障内容	行业背景
1897 年	广东	公共保火烛险公司	商街行会广东公善堂
1905 年	广东	联保火险	米酒行业公会
1907 年	天津	裕善防险会	徐懋岩联合鞋业商号
1908 年	广州	商业街冠球联保人险公司	商人杜桂初、曾少臬发起
1908 年	湖北	典当行保险互助	典当行
1909 年	北京	保险公益会	典当行

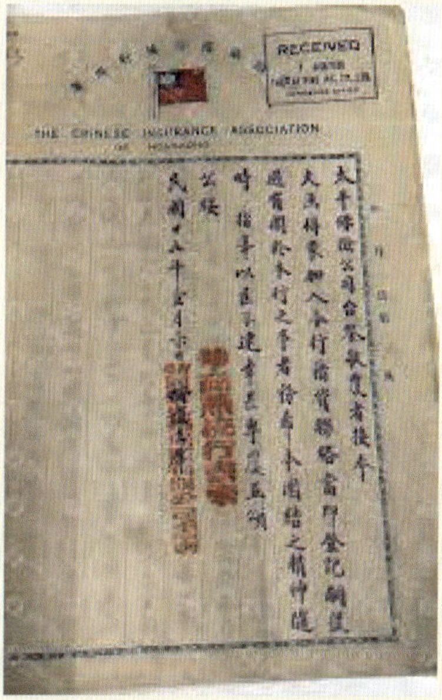

19 世纪末，上海洋商火险公会成立，通过协议火险费率，控制整个中国市场。1903 年，香港华商保险同业公会成立，初名为“香港华商燕梳行”，是民族保险业迈出团结联合的第一步。图为 1936 年，香港华商燕梳行写给太平保险香港分公司的欢迎函

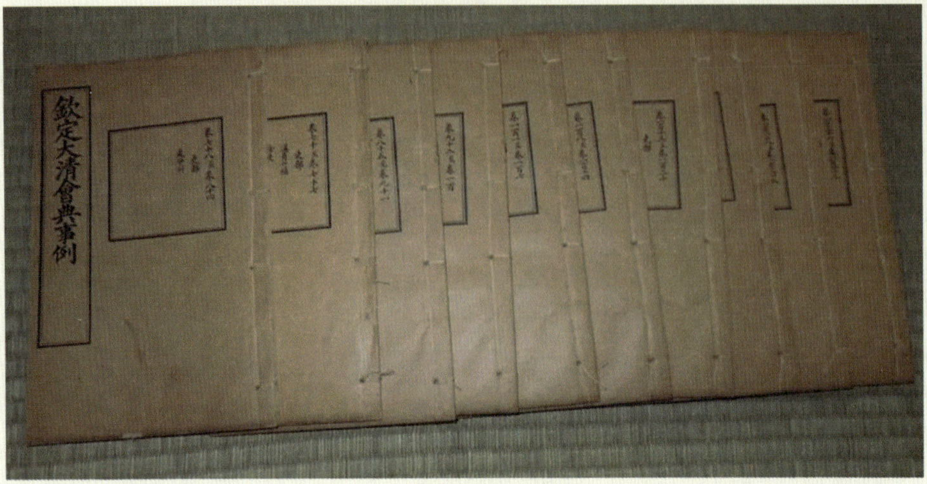

1903 年颁布实施的《钦定大清商律》，是中国第一部带有保险内容的法律

1906 年，清末保险实业家、美国华侨徐锐下南洋集资募股，设立中国振兴商务旗下的公司和银行，包括中国振兴商务水火人寿保险公司。图为 16 世纪—17 世纪，中国移民下南洋乘坐的“大眼船”

鸦片战争后至中华民国成立前，是中国近代工商经济兴起的时期，保险业是华商最早涉足的领域之一，在中国民族工商业发展史上占有重要地位。然而，在辛亥革命前，民族保险公司总体市场份额不足 10%，外商保险仍垄断中国的保险市场。

四、中华民国时期的保险（1912年—1949年）

1912年，中华民国成立，为中国资本主义工商业的发展提供了新契机，外商保险垄断进一步加剧。第一次世界大战爆发后，欧洲列强无暇顾及中国市场，在此背景下，华商保险企业数量持续增长，民族资本兴办保险业经历了第二次浪潮。抗日战争胜利后，华商保险的发展又迎来了短暂的第三次浪潮。然而，国民党挑起的内战又将保险业推入衰败和崩溃的局面。

（一）中华民国成立—全面抗战爆发前（1912年—1937年）

1. 民族寿险公司的旗帜——华安合群保寿公司

1912年6月1日，由吕岳泉、朱葆三等人在上海积极筹建的民族寿险企业——“华安合群保寿股份有限公司”盛大开业，其注册资本接近外商保险公司，是华商保险平均水平的三倍。开张当天，孙中山、黄兴等开国元勋都派人前来致贺。华安合群保寿公司的成立，是民族寿险业兴起的标志。

民族寿险先驱——吕岳泉（1877年—1953年）。其幼年在上海英商永年人寿保险公司业务经理家做事期间，学习了英语和保险知识，后进入永年人寿任职。1911年，他辞去在永年人寿的经理职位，立志“自创纯粹之华商寿险公司”

华安合群保寿股份有限公司的司徽

2. 商业资本与银行资本投入保险业

中华民国时期，变革和发展成为中国社会的潮流，外部经济对中国国民经济的影响日渐明显。在这一背景下，保险业显现的特征是商业资本和银行资本的投入。

（1）商业资本

创办了永安百货公司的郭氏兄弟，在保险行业也建树颇丰，在上海先后创办了永安水火保险公司（1916 年）和永安人寿保险公司（1924 年）。永安保险企业是我国商业资本投资保险业的典型代表。

永安人寿保险公司广告

1921 年，永安水火保险公司印行的月份牌

（2）银行资本

中华民国成立初期至抗战爆发前，出现了银行投资保险的热浪，典型代表为金城银行和中国银行。银行投资保险业不仅壮大了华商保险的实力，更带动了其业务的发展。

● 金城银行投资的太平水火保险公司

金城银行由北洋军阀以私人名义投资组建。1929 年 11 月 20 日，金城银行独资创办了太平水火保险公司，注册资本 100 万银圆，周作民任董事长兼总经理。广告语为“太平保险，保险太平”。

被称为“金融不倒翁”的太平水火保险公司董事长兼总经理周作民（1884 年—1955 年）

● 中国银行投资中国保险公司

中国银行董事会聘请宋汉章负责筹备中国保险公司，该公司 1931 年 11 月 1 日在上海开业，总部设在上海中国银行大楼内。宋汉章兼任中国保险公司董事长。宋子文为主要董事之一。

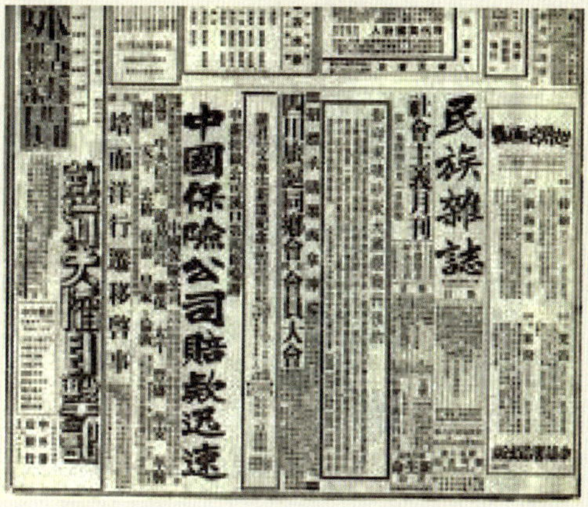
中國保險公司賠款迅速
民族雜誌
社會主義月刊

1933 年 4 月 27 日，荣氏家族汉口申新四场纺织厂突遇大火，损失惨重，中国保险公司宋汉章坚定地履约赔付。图为荣氏家族在上海《申报》整幅鸣谢

3. 美亚保险公司——史带传奇

1919 年 12 月 12 日，美国人科尼利斯 · 范德尔 · 史带（Corneliors Vander Starr）在百慕大注册，创立了一家只有两名雇员的保险代理行，名为美亚保险公司，在上海营业。1920 年，上海北苏州路豫康公记堆栈发生大火后，史带不惜斥巨资迅速理赔，这为他赢得了广泛的赞誉。1921 年，史带又在上海创办了友邦人寿保险公司。

友邦人寿的司徽图案为喜马拉雅山脉，意味着“永恒如喜马拉雅山”

史带（1892 年—1968 年），荷兰人后裔，出生于美国加利福尼亚州。1914 年考取律师执照后，创办了自己的保险经纪公司。1918 年，史带独自一人来到上海，最初就职美丰银行，分管保险业务

4. 中华民国时期的保险立法

中国保险业在 19 世纪初即已出现，但是保险立法没有相应展开。南京国民政府建立后，保险立法才开始得到重视。这一时期，保险法律法规的颁布，对民族保险业的发展起到引导、支持和促进作用。

1929 年《保险法》

1929 年 12 月 31 日，南京国民政府明令公布《保险法》，共计 82 条，内容实为“保险合同法”。从内容和体例上看，此《保险法》是基本接近现代保险立法的一部专门法规。但由于各界反响不一，该法并未实施。

1937 年《保险法》

1937 年 1 月 11 日，南京国民政府颁布实施了经立法院讨论通过的《保险法》。与 1929 年《保险法》相比，该法增加了 17 条，增加了保险利益的限制，明确了损失保险和人身保险的范围。同时颁布的另外两部法律为《保险业法》和《保险业法施行法》。

南京国民政府旧址，现为南京中国近代史遗址博物馆

5. 中国保险学会成立

1935 年 8 月 3 日，中国保险学会在上海举行成立大会，公推宋汉章为大会主席，罗北辰为大会书记。学会章程规定的主要任务为研究保险学理、调查保险实务、编制保险统计、拟订保险条款、训练保险人才、举行保险演讲、发行保险书报、创设保险图书馆、组织各种保险研究会等。

1935 年 8 月，中国保险学会第一届理事会理事合影

（二）全面抗战—解放战争期间（1937 年—1949 年）

1937 年，日本全面侵华战争开始，中国保险业的上升势头被打断。国民政府迁都重庆，带动了后方保险业并不稳定的兴盛。日军占领上海后，上海保险业经历了短暂衰退。1941 年，太平洋战争爆发，在华外资保险商撤离，华商保险一度获得发展的机会，但是国民党发起的全面内战，对中国保险业的发展又造成严重冲击。

1. 大后方重庆的保险业务

中央信托局陆地兵险

国民政府中央信托局保险部，于 1940 年从上海迁往重庆。中央信托局开办陆地兵险，鼓励工厂内迁，对发展后方经济、充实战争资源起到积极作用，为抗战胜利作出了贡献。

中央信托局保险部项馨吾经理在上海保险同业公会协助下，招聘了十三名业务骨干办理陆地兵险，后来，这十三名骨干被保险界誉为“十三太保”。其中，林震峰和程恩树为中国共产党党员。图为中央信托局“十三太保”合影

重庆邮政储蓄金汇业局分局

全面抗战爆发后，邮政储蓄金汇业局将简易寿险业务重心转向大后方。1939 年，南京分局驻渝办事处升格为重庆邮政储蓄金汇业局分局，其他大后方各邮局亦开始办理简易寿险业务。

国民政府迁都重庆时期的旧址。此时，重庆的地位和头衔有“中华民国战时首都”“中华民国陪都”“盟军中国战区司令部驻地”等

参谋本部资源委员会设立保险事务所

1932 年 12 月，国民政府在参谋本部下设资源委员会，抗战期间西迁重庆。1943 年，根据所通过的章程设立保险事务所，办理资源委员会各附属机关的一切保险事务，经营范围以财产保险为主，包括运输保险、火险、兵险和其他保险种类。事务所也为所属员工办理团体寿险业务。

资源委员会旧址（现位于南京工业大学校内）

重新组建太平洋产物保险公司

太平洋战争爆发后，交通银行投资的上海太平保险公司划归上海伪交通银行。1943 年 12 月，重庆交通银行决定放弃太平保险公司，重新组建太平洋产物保险公司，总公司设立在重庆。

太平洋保险与交通银行渊源久远

中国农业保险股份有限公司

1944 年 3 月，中国农民银行改组信托处的保险科，在重庆设立中国农业保险股份有限公司，办理农业产物水火险、农业产物运输险、农林灾害险和牲畜险等，这是一家以国有资本为背景的保险公司。

2. 上海与香港保险市场

华商长城保险公司

1946 年，由原供职英商太阳保险公司的李劲根发起，上海金融界和实业界联手投资创办了长城保险公司，打破了中国华商保险界多年沉寂的局面。

从此，华商保险公司逐渐增多，中国保险业经历了又一次发展浪潮。1946 年，上海有 124 家华商保险公司。

1949 年以前的上海外滩

香港华商火险公会

国民政府期间，香港保险业进一步发展。日本侵华后，不少富人避居香港，保险业务因之大增。1942 年，香港华商火险公会成立，在一定程度上抵制了英国保险商对中国保险市场的垄断。抗战胜利后，香港保险市场得到进一步恢复。

3. 东北沦陷区的伪满洲国保险

1938 年 12 月，伪满洲国公布伪《保险业法》和伪《保险业法实施规则》。伪满政府设立了两家“国策会社”，分别垄断生命保险和财产保险。伪满洲国还在各级邮政局设立保险科。可以说，沦陷区的保险业已经完全沦为日本对中国进行经济掠夺的工具。

位于辽宁省沈阳市的“九一八”历史博物馆

1945 年—1949 年，保险业监管严重失控，保险市场远远超出保险需求，导致费率恶性竞争，加之时局动荡、恶性通货膨胀，华商保险公司相继停业或瘫痪，数目锐减。据不完全统计，1949 年 5 月，华商保险业的分支机构已经从原来 602 家锐减到 369 家。1949 年 5 月，外资保险公司纷纷撤离中国，保险业在大动荡中一片惨淡。

五、中国共产党领导的早期人民保险事业（1921 年—1949 年）

中国共产党自 1921 年成立，就非常重视争取和保障劳动阶级的政治经济权利，并形成对劳动保险和社会保险的初步认识。在中国民族保险事业的发展历程中，中国共产党领导的人民保险事业是非常重要的一个组成部分。

（一）最初的人民保险理念和革命根据地的保险

1921 年 8 月，中国共产党在上海成立了第一个领导全国工人运动的公开机构——中国劳动组合书记部。1922 年 8 月，书记部拟定了《劳动法案大纲》。中国共产党召开的五次全国劳动大会，先后通过了《劳动法大纲决议案》《失业问题解决议案》《经济斗争决议案》，提倡保险事业，强调政府对劳动保险的责任。这是中国共产党最早提出的“人民保险”理念，具有鲜明的阶级性和革命性。

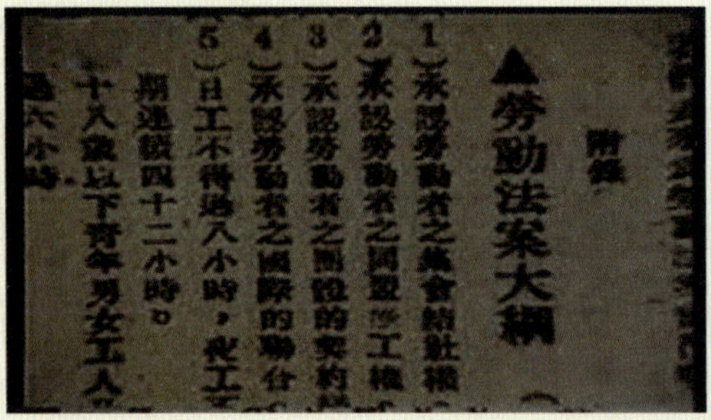

《劳动法案大纲》

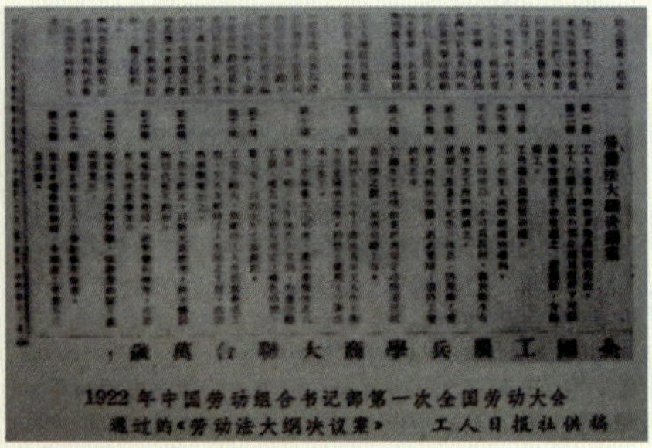

《劳动法大纲决议案》

土地革命时期，革命根据地的保险事业得到初步建立。1928 年，中国共产党第六次全国代表大会在苏联莫斯科近郊召开，会议通过《政治决议案》，提出“实行社会保险”的主张。革命根据地实施的社会劳动保险政策，支援并促成了工人运动的胜利。

中国共产党第六次全国代表大会会址——莫斯科近郊兹维尼果罗德镇

（二）抗日战争时期的上海保联

1938 年 7 月，在中共上海地下党组织领导下，保险业同业公会主席胡詠骐和谢寿天、程恩树、林震峰等中共地下党员，筹建了“上海市保险业业余联谊会”，即上海保联，利用公开合法团体的身份，根据保险业的特点开展形式多样的工作。保联学术部还创办了《保联月刊》和《保险月刊》。

上海保联所从事的活动提高了民族保险业从业人员的觉悟，发展壮大了保险业地下党组织，为新中国保险业的创建预备了大批骨干人才。

胡詠骐（1898 年—1940 年），中国保险业先驱

1941 年出版的《胡詠骐先生纪念册》，宋汉章为书题签

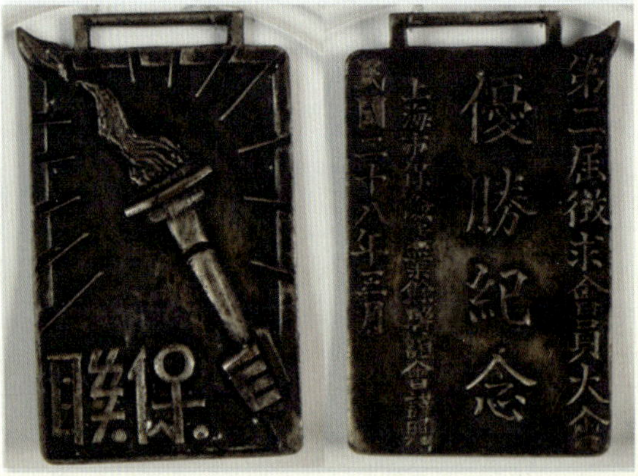

保联优胜纪念章

胡詠骐和谢寿天组织上海金融家筹资出版了《西行漫记》和《鲁迅全集》。图为 1938 年出版的美国记者埃德加·斯诺的著作《西行漫记》

中国共产党创立大安保险公司和民安保险公司

谢寿天（1914 年—1972 年），我国教育家谢家山之子

抗日战争期间，上海中共地下党人谢寿天，于 1942 年在上海筹建了大安产物保险公司，卢绪章于 1943 年在重庆筹建了民安产物保险公司。通过保险公司这一组织，掩护地下党组织和党员的秘密活动，为党组织提供了大量的活动经费。

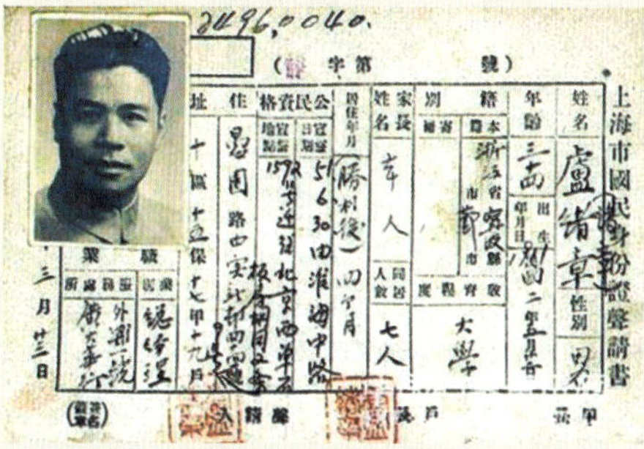

卢绪章（1911 年—1995 年）的上海市国民身份证申请书

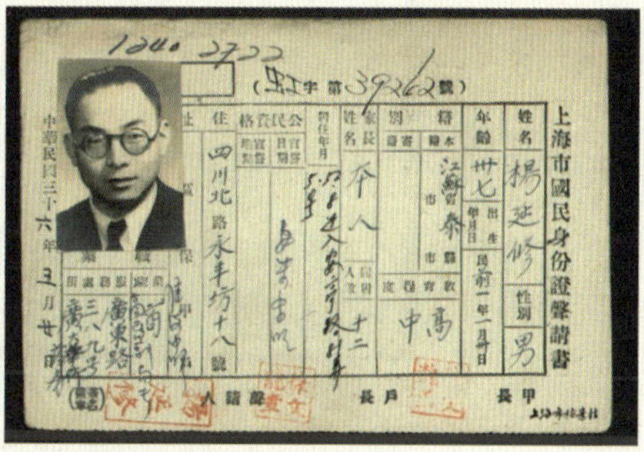

杨延修（1911 年—2017 年），民安保险常务董事，周恩来称其“能抵一个师”，是“为党掌管钱袋的红色特工”。图为杨延修的上海市国民身份证申请书

（三）解放战争时期，中国共产党领导的保险事业

解放战争时期，根植于根据地的人民保险事业进入确立阶段。

第六次全国劳动大会

1948 年 8 月，第六次全国劳动大会在东北解放区的哈尔滨召开。大会通过的决议，结合解放区的实际，为劳动保护和保险事业的举办提出了具体意见。

解放区的保险法规

东北解放区成为新民主主义保险法规建设的先行区。1946 年—1949 年颁布的一系列法规中,《哈尔滨特别市战时暂行劳动法》是一部与劳动保险、劳动保护、社会保险息息相关的劳动基本法，保护了包括工人在内的全体劳动者的权益。

东北解放区年画《喜气临门》

在新民主主义革命的历程中，中国共产党以保障劳动者的权利为中心，积极探索劳动保险、失业保险和社会保障制度。红色保险的实践，为新中国成立后的人民保险事业的开展，进行了思想准备和理论准备。

六、新中国成立后，社会主义保险事业的探索（1949 年—1978 年）

1949 年 10 月 1 日，中华人民共和国成立，中国的人民保险事业进入新的历史发展阶段，社会主义保险事业进行了不断探索。1958 年，国内保险停办，直至 1978 年改革开放后，才逐步恢复。

（一）上海解放后，对旧保险的整顿改造

1949 年 5 月 27 日，上海解放。人民政府下令对旧中国保险业进行了全面的清理和改造。

- 对官僚资本保险企业进行接管和清理。
- 对私营保险企业进行改造，重新清产核资，要求缴存准备金。
- 外资保险公司陆续撤离，最后一家外资保险公司于 1953 年关闭。

解放日報
中共中央委員會
熱烈祝賀上海解放
祝上海解放

1949 年 5 月 27 日的《解放日报》

（二）中国人民保险公司成立

1949 年 10 月 20 日，中国人民保险公司（以下简称“人保”）正式成立，宣告了新中国国家保险机构的诞生。人保被称为“共和国保险业的长子”，中国保险史由此掀开崭新的一页。

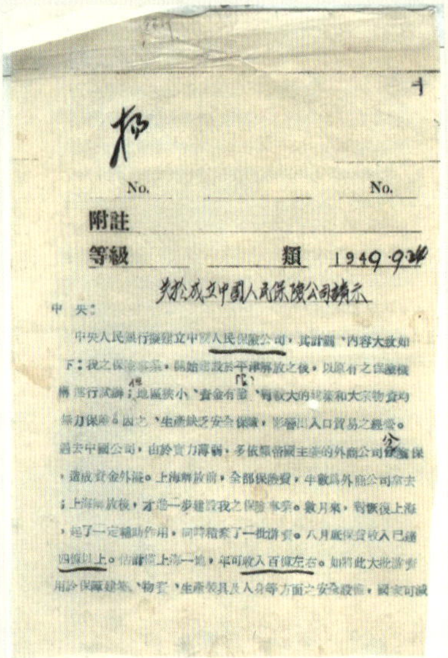

No. No.

附註

等級 類 1949.9.24

关於成立中國人民保險公司請示

中央：

中央人民銀行擬建立中國人民保險公司，其計劃、內容大致如下：我之保險事業，開始建設於平津解放之後，以原有之保險機構進行試辦；地區狹小、資金有限、[illegible]大的建築和大宗物資均無力保險。因之，生產缺乏安全保障，影響出入口貿易之經營。過去中國公司，由於實力薄弱，多依賴帝國主義的外商公司分保，造成資金外流。上海解放前，全部保險費，半數爲外商公司拿去；上海解放後，才進一步建設我之保險事業。數月來，對恢復上海，起了一定輔助作用，同時積累了一批資金。八月底保費收入已達四億以上。估計僅上海一地，年可收入百億左右。如將此大批資金用於保障建築、物資、生產設具及人身等方面之安全設施，國家可減

1949 年 9 月 24 日，中国人民银行关于成立中国人民保险公司的请示

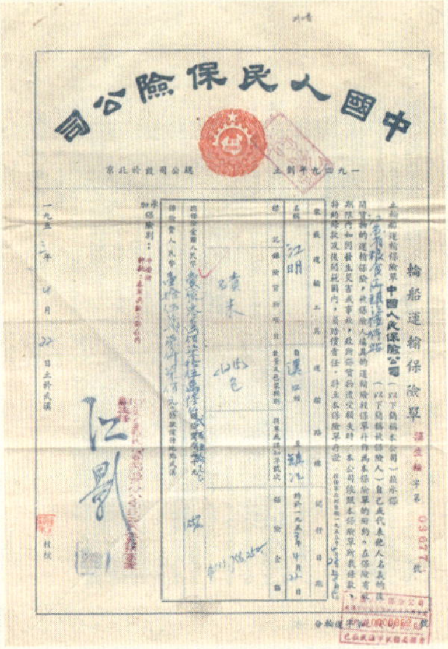

中國人民保險公司

輪船運輸保險單

成立初期，人保的海外保险业务主要是海上保险业务及相关的国际分保业务。图为人保 1953 年签发的轮船运输保险单

1949 年 9 月 25 日，第一次全国保险工作会议代表合影

中国人民保险公司旧址——北京西交民巷 108 号

人保的工作方针是“发展生产、繁荣经济，保护国家及社会财产，保障劳动人民之福利”。图为人保农业保险海报

新中国成立后，人保承保公民财产自愿投保的业务。图为人保居民财产保险海报

1950 年，政务院作出国家机关、国营企业、合作社财产强制保险以及旅客强制保险的决定。图为人保运输保险海报

（三）“一五”计划前后与国内保险业务停办（1951 年—1978 年）

中国保险业在第一个五年计划期间（1953 年—1957 年），经历了从整顿、巩固到稳步发展的过程。然而，在“大跃进”和人民公社化浪潮中，保险业受到“左倾”思想影响，认为人民公社的社会保险形式可以代替国家保险形式，国内保险业务于 1958 年全面停办。

《劳动保险条例》

中国共产党的人民保险思想，发端于早期对劳动保险的认识。1951 年 2 月，新中国第一部综合性的社会保险行政法规——《中华人民共和国劳动保险条例》颁布实施，标志着我国社会保险制度的初步建立。

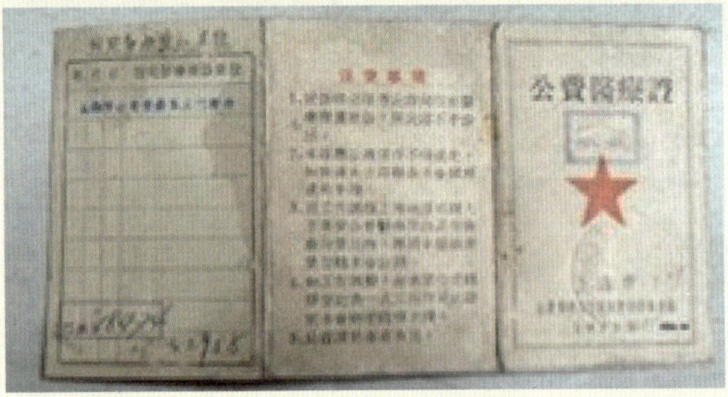

1955 年，上海的公费医疗证

“海后”轮货损案

1951 年 2 月，我国租用巴拿马船籍“海后”轮，从国外进口橡胶等物资，价值 107 万英镑。在回程途经台湾海峡时，“海后”轮被台湾当局拦截并劫掠到基隆港扣押。人保事前对该轮在伦敦市场进行了分保，经过据理力争，最后按照“海盗风险”获得了国际再保险市场 98% 的赔款摊回，为国家减轻了经济损失和外汇负担。

武汉全国财政会议

1958 年 12 月，武汉全国财政会议正式宣布“立即停办国内保险业务”。考虑到国际贸易和国际信贷对保险的依赖，国家决定保留涉外业务。

1969 年 4 月，中国人民保险总公司 86 名在职干部被下放到河南“五七干校”劳动，只保留 9 名主要业务人员的“保险业务小组”。我国保险业滑落到最低谷。

1958 年，国内业务停办前，人保工作人员在人保大楼下留影

“跃进”轮沉没及保险赔偿

1963 年 5 月 1 日，新中国建造的第一艘万吨级远洋货轮——“跃进”轮，在首航日本的途中，意外触礁沉没。

人保承保了“跃进”轮的船舶保险金额 125 万英镑，并及时在国际保险市场安排了再保险分出，最终摊回赔款 104 万英镑，为我国挽回了巨大的经济损失。“跃进”轮的保险理赔结果，获得党中央的表扬。

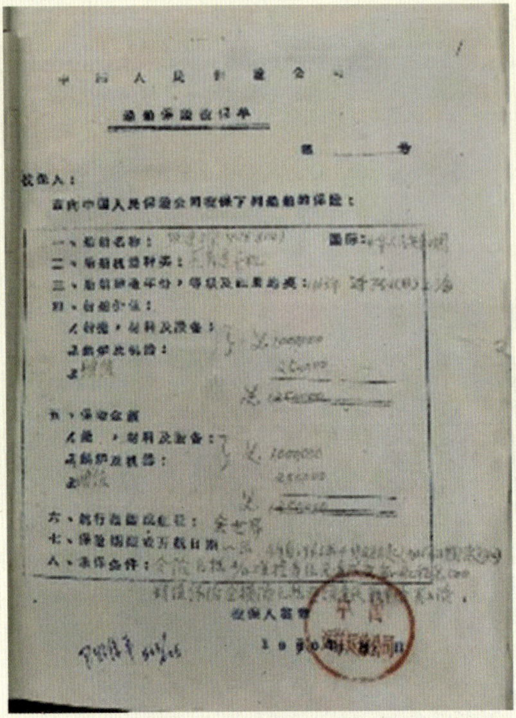

“跃进”轮投保单

日青島駛向日本途中在南朝鲜济州島西南海域

我远洋貨輪“跃进号”突然遇难沉沒

船員經日本漁船救起并已由我派往营救的护卫艦接回

我国政府正对“跃进号”沉沒原因进行严密調査

新华社对“跃进”轮事故的报道

前排右二为人保公司王恩韶先生——“跃进”轮分保安排负责人

新中国成立后，人民政府对旧保险业进行了社会主义改造。中国人民保险公司的成立，彻底结束了外国保险公司垄断中国保险市场的局面。但在“左”的思潮影响下，国内保险业务于 1958 年全面停办，我国保险业的发展，进入长达二十年的特殊停滞状态。

七、改革开放后的中国保险事业（1979 年至今）

1978 年 12 月 18 日，党的十一届三中全会召开，会议决定把全国工作的重心转移到经济建设上来。1979 年 4 月，中国人民银行颁布了关于恢复国内保险业务和加强保险机构的通知，停办了二十年的国内保险业务得以恢复。此后四十多年，我国保险业蓬勃发展，中国现已成为世界第二大保险市场。

（一）恢复国内保险业务（1979 年—1981 年）

全国保险工作会议

1979 年 11 月 19 日，全国保险工作会议在北京召开。1980 年，我国保险业务得以全面恢复。

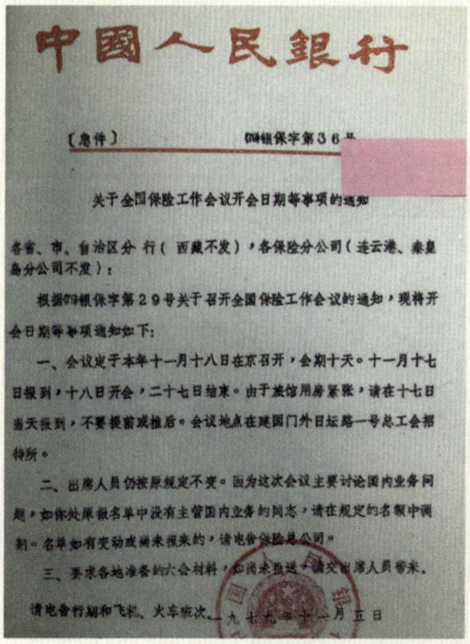

中國人民銀行

〔急件〕　　　　(79)银保字第３６号

关于全国保险工作会议开会日期等事项的通知

各省、市、自治区分行（西藏不发），各保险分公司（连云港、秦皇岛分公司不发）：

根据79银保字第２９号关于召开全国保险工作会议的通知，现将开会日期等事项通知如下：

一、会议定于本年十一月十八日在京召开，会期十天。十一月十七日报到，十八日开会，二十七日结束。由于宾馆用房紧张，请在十七日当天报到，不要提前或推后。会议地点在建国门外日坛路一号总工会招待所。

二、出席人员仍按原规定不变。因为这次会议主要讨论国内业务问题，如你处原报名单中没有主管国内业务的同志，请在规定的名额中调剂。名单如有变动或尚未报来的，请电告保险总公司。

三、要求各地准备的大会材料，如尚未报送，请交出席人员带来。

请电告行期和飞机、火车班次。一九七九年十一月五日

1979 年中国人民银行下发的全国保险工作会议通知

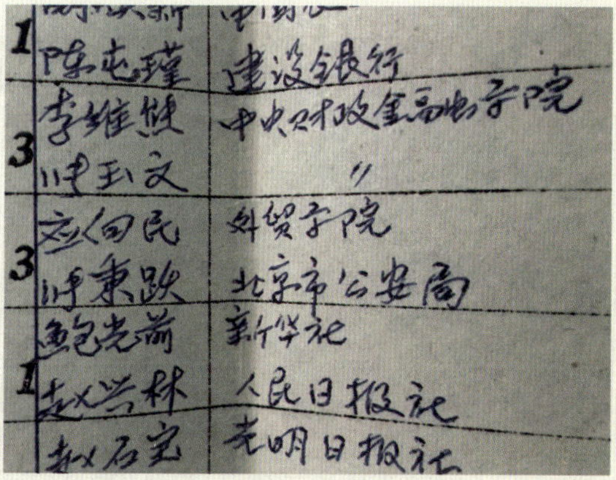

1979 年全国保险工作会议花名册，参会人员包括外贸学院（对外经济贸易大学前身）教师应向民和中央财政金融学院（中央财经大学前身）教师李继熊

（新）中国保险学会成立，《保险研究》创刊

1979 年 12 月，（新）中国保险学会第一届理事会理事合影。1935 年成立的原中国保险学会活跃人物陶声汉、郭雨东等，当选（新）保险学会第一届理事

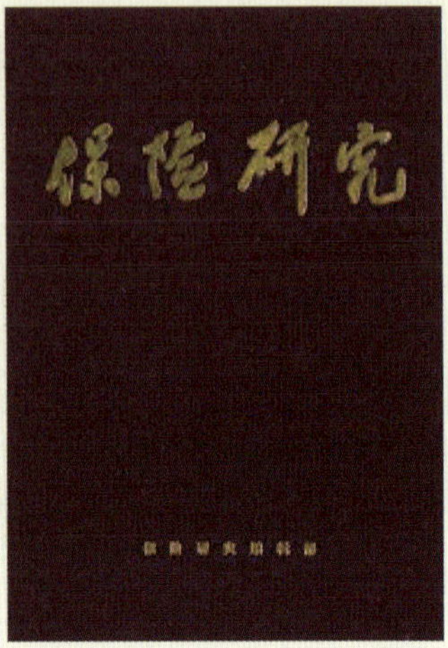

创刊于 1980 年的《保险研究》，是中国保险学会主办的学术性专业期刊，也是我国目前向海内外公开发行的唯一保险理论刊物

中国人民保险公司恢复经营

1980 年，人保全面恢复经营，注册资本金为 20 亿元人民币，独家经营国内保险业务。人保机构和人员迅速增加，到 1989 年底，分支机构已达 2866 个，从业人员达到 7.9 万人。

1981 年 12 月，人保第一期经理轮训班学员合影

（二）“入世前”，中国保险业的发展（1982 年—2000 年）

国内人身保险业务恢复

1982 年，国内人身保险业务恢复，人保销售的人身保险产品仅包括简易人身保险、养老保险和意外伤害保险，保额普遍低于 100 元[①]，销售渠道主要是团体保险。

新中国成立后，人身保险业务发展的 7 个阶段

阶 段	时间（年）	特 点	背 景	产 品
1	1949—1958	简易产品，摸索期	新中国成立初期，主要通过行政命令对公销售	团体人身保险、简易人身保险、强制意外伤害保险
2	1959—1979	国内业务停办	“大跃进”和极“左”思想影响	涉外业务保留少量人身保险业务
3	1980—1991	国内人身险业务恢复	保险业的市场化竞争和对外开放	简易人身保险、养老金保险和意外伤害保险
4	1992—1999	保险分业经营，个险销售渠道崛起	改革开放深化	保障型产品：两全保险、终身寿险、定期寿险
5	2000—2013	新型寿险产品出现，银保渠道高速增长	央行下调存款利率	新型的分红险、万能险和投连险出现
6	2014—2016	市场分化，出现新型寿险	“新国十条”发布	大型险企聚焦新业务价值，小型险企利用银保和互联网渠道销售中短存续期产品
7	2017—2020	保险业强化监管	保险业姓保，银保监会成立	主打健康险、养老保险等保障型产品

首部保险法规

1985 年，我国首部保险法规《保险企业管理暂行条例》出台。此后，新的保险公司陆续成立，逐步形成竞争格局。

① 本书中，除特别注明货币名称，均为人民币。

打破人保垄断格局

1986 年 7 月 15 日，新疆生产建设兵团农牧业生产保险公司成立，注册资本金 1 亿元，业务范围为兵团农场内部农业保险。该公司的成立，“打响中国保险体制改革第一枪”。该公司于 2006 年改组成中华联合保险公司。

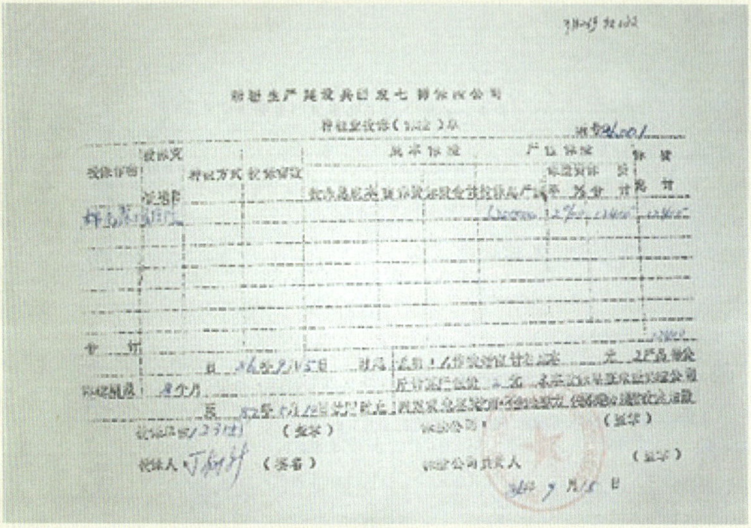

新疆生产建设兵团农牧业生产保险公司第一张保险单

平安保险公司成立

1988 年 3 月 21 日，深圳平安保险公司获准成立，成为中国第一家股份制保险公司，进一步打破了人保的垄断地位。1992 年注资后，更名为中国平安保险公司，成为中国第三家全国性、综合性保险公司。1994 年，中国平安保险公司引外资入股。

平安保险公司成立海报

太平洋保险公司成立

1991年5月13日，交通银行在其保险部的基础上组建中国太平洋保险公司，成为中国第二家全国性、综合性保险公司。2001年，中国太平洋保险公司分业重组，成立集团公司，更名为中国太平洋保险（集团）股份有限公司，下设两家子公司。

太平洋保险公司股权证

第一家外资保险公司

1992年7月，世界保险巨头美国国际保险集团（AIG）申请设立上海分公司。仅两个月后，中国人民银行批准其申请，“美国友邦保险公司上海分公司”成立。这是中国改革开放后，第一家进入中国市场的外资保险公司。

1992年，AIG回归中国保险市场，续写1919年美亚保险在上海开创的保险事业。图为上海外滩17号友邦大厦

第一家外资保险经纪公司

1993年12月，达信（Marsh）（北京）保险经纪有限公司成立。这是中国第一家外商独资的保险经纪公司。

达信是MMC（威达信）集团的子公司，是世界领先的风险管理与保险咨询公司

第一家企业出资组建的股份制、区域性保险公司

1994 年 10 月 22 日，中国第一家由企业出资组建的股份制保险公司——天安保险股份有限公司获准开业，业务范围限长江三角洲地区。

天安财险曾为国内第四家财产险保险公司

第二家区域保险公司

1995 年 1 月 3 日，大众保险股份有限公司在上海成立，是第二家区域性保险公司。2014 年 6 月 19 日，大众保险变更为“史带财产保险股份有限公司”，史带集团合计持有大众保险超过 51% 的股份。

史带财险的徽标

《中华人民共和国保险法》

1991 年，中国人民银行成立 10 人保险法起草小组，组长为人保原董事长兼总经理秦道夫。1995 年 6 月 30 日，全国人大常委会审议通过了《中华人民共和国保险法》，同年 10 月 1 日起实施。这是新中国成立以来第一部保险基本法，标志着中国保险业进入有法可依、依法经营、依法监管的新阶段。

《中华人民共和国保险法》颁布实施后，为了适应社会经济和保险市场的发展需要，先后于 2002 年、2009 年、2014 年和 2015 年进行了四次重大修订

分业经营

我国《保险法》规定，“同一保险人不得同时兼营财产保险业务和人寿保险业务”。为此，1995 年 9 月，中国人民保险公司率先改组，1996 年 7 月，成立集团公司（简称“中保集团”），下设四个专业子公司。1998 年 10 月，中保集团撤销，其下属子公司脱离母体，成立了中国人民保险公司、中国人寿保险公司、中国再保险公司和香港中国保险集团公司。

“人保”体系演变过程

时间	实体名称	背景
1949 年 10 月	中国人民保险公司	中华人民共和国成立，收编了旧保险机构
1958 年	中国人民保险公司	受极“左”思想影响，国内业务全面停办
1980 年	中国人民保险公司	恢复营业，全国唯一保险机构
1996 年	中国人民保险（集团）公司	《保险法》要求分业经营，人保改组成立集团公司，下设四个子公司
1998 年	中国人民保险公司 中国人寿保险公司 中国再保险公司 香港中国保险集团公司	中保集团撤销，子公司脱离母体，成立四家独立法人公司
2003 年	中国人民保险公司更名为中国人保控股公司 发起并设立中国人民财产保险股份有限公司、中国人保资产管理有限公司	股份制改造，中国人民保险公司改组、更名；中国人寿保险公司和中国再保险公司亦重组
2007 年	改称中国人民保险集团公司	中国人保控股公司恢复使用 PICC
2009 年	改制变更为中国人民保险集团股份有限公司	国有金融企业深化改革 国有保险集团整体股份制改革，成立国有控股金融保险集团

“人保”标识演变

1949 年—1979 年　1979 年—1996 年　1996 年—1998 年　1998 年—2003 年　2003 年—2007 年

2007 年—2009 年　2009 年—2021 年　2021 年—2024 年　2024 年

《保险法》生效后的第一批股份制保险公司

1996 年 8 月，中国人民银行批准成立新华保险、泰康人寿、华泰保险三家全国性保险公司，永安保险、华安保险两家区域性保险公司。这五家保险公司是《保险法》生效后成立的第一批股份制保险企业。

新华保险徽标

华泰保险徽标

泰康人寿徽标

第一家中外合资保险公司

1996 年 11 月，加拿大宏利人寿保险公司与中国对外经济贸易信托投资公司合资组建的中宏人寿保险公司在上海成立，成为中国改革开放后成立的第一家中外合资保险公司。

中宏保险徽标

保险中介管理

自从 1992 年美国友邦保险公司首次引入寿险个人代理制度以来，保险中介市场在我国发展迅速。中国人民银行于 1997 年 11 月颁布《保险代理人管理规定（试行）》，1998 年 3 月颁布《保险经纪人管理规定》。

2021 年 1 月 1 日，由原银保监会发布的《保险代理人监管规定》开始实施。该规定的实施，加强了市场准入管理，强化了对股东的审查，也提高了对最低注册资本金的要求。

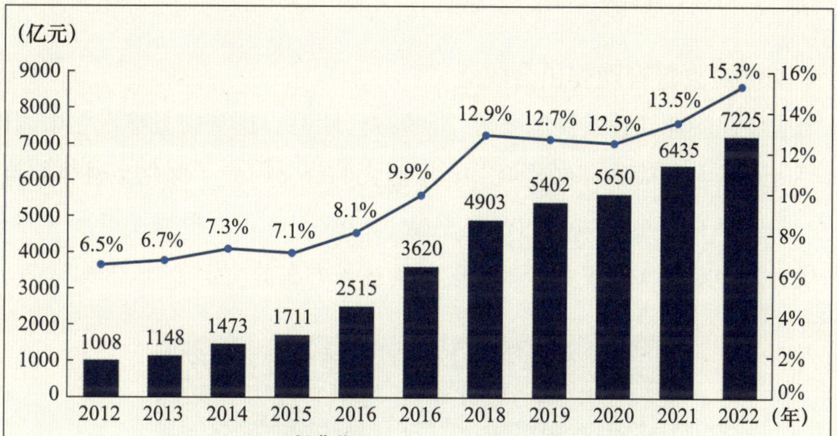

2012 年—2022 年，专业中介机构保费收入及占比

对问题公司的接管

1997 年 12 月，永安财产保险公司由于存在严重违法、违规问题，被原保险监管机构——中国人民银行接管约一年。这是我国保险业恢复以来，首例被接管的保险公司。

永安保险徽标

其他被接管的保险公司：

2018 年，安邦集团被原保监会接管。

2020 年，原银保监会依法向华夏保险、天安财险、天安人寿和易安财险四家保险公司派驻接管组，实施接管。

中国保险监督管理委员会成立

为适应保险业快速发展的要求，1998 年 11 月，国务院批准设立中国保险监督管理委员会（简称“保监会”）。保监会的成立回应了深化金融体制改革，进一步防范和化解金融风险的客观需要。2018 年 3 月，根据《第十三届全国人民代表大会第一次会议关于国务院机构改革方案的决定》，该机构撤销。

保监会的成立，标志着中国保险监管走向了专业化和规范化的新阶段

第一家全国性保险经纪公司

2000 年 6 月 16 日，江泰保险经纪股份有限公司在北京揭牌，成为中国第一家全国性的综合保险经纪公司。中资保险经纪公司的出现，标志着中国保险市场客户服务水平的提升。

江泰保险经纪公司成立时的七大法人股东为北京快速工程规划公司、中国交通建设股份有限公司、原首钢总公司、中国中化集团公司、中国中煤能源集团公司、北京国际信托有限公司、三峡资产管理有限公司

中国保险行业协会成立

中国保险行业协会成立于 2001 年 2 月，是中国保险业的全国性自律组织，是自愿结成的非营利性社会团体法人。保险行业协会推动保单标准化工作，发布了许多重要的行业示范条款。截至 2024 年 12 月 31 日，保险行业协会共有会员 349 家。

中国保险行业协会标志

（三）“入世”后，中国保险业的发展（2001 年—2013 年）

2001 年，中国加入世界贸易组织。中国保险业市场化改革进一步向纵深发展，在市场化、法治化、规范化和国际化几个方面得到进一步加强。

中国加入世界贸易组织

2001 年 11 月 11 日，在多哈世贸组织部长级会议上，中国正式加入世界贸易组织。根据中国加入世贸组织的承诺，保险业对外开放的过渡期只有三年，比其他金融行业提前两年全面对外开放。

中国邮政为纪念中国加入世界贸易组织而特别发行的纪念邮票

出口信用保险公司正式成立。

2001 年设立的中国出口信用保险公司（简称“中信保”）是我国第一家政策性保险机构。该公司是在原中国人民保险公司和中国进出口银行相关业务的基础上组建的公司。为了促进我国的出口贸易，原中国人民保险公司最早于 1988 年就开办了出口信用保险业务。

2005 年，中信保首次发布年度核心研究报告——《国家风险分析报告》，大力支持我国企业“走出去”

《保险法》修订

为了适应世贸规则，中国政府履行承诺，“入世”后第二年，启动《保险法》第一次修订。

我国《保险法》历次修订概览

修订时间	背 景	主 要 内 容
2002 年	2001 年，我国加入世贸组织	修改了 38 项内容，重点在保险业法部分，涉及诚信原则、加强偿付能力监管，取消了法定分保的规定
2009 年	我国保险业的快速发展，业界的外部环境和保险业内部结构都发生了深刻变化	重大修改 41 条，重点在保险合同法部分，包括设立“不可抗辩”条款
2014 年	继续修订不完善部分	在第八十五条规定“保险公司应当聘用专业人员，建立精算报告制度和合规报告制度”
2015 年	2014 年，“新国十条”颁布	加强监管，弱化管制，释放市场活力，保护消费者权益，推进保险监管现代化 取消了保险销售从业人员保险代理、保险经纪等从业人员的资格核准等行政审批事项

2002 年—2004 年，多家外资公司准入

2002 年 1 月 15 日，中意人寿保险公司（Generali China）在广州成立，这是我国“入世”后批准成立的首家合资保险公司。“入世”后至 2004 年底，多家外资保险公司获得在华经营许可，这一时期是外资保险公司进入中国市场的高峰期。

中意人寿由意大利忠利保险有限公司和中国石油天然气集团公司合资组建，总部位于北京

截至 2023 年底，境外保险机构在华共设立了 67 家外资保险机构和 73 家代表处。从 2020 年 1 月 1 日起，我国正式取消了合资寿险公司的外资比例限制。

首家专业农业保险公司

2002 年，中国首家农业保险公司——上海安信农业保险有限公司成立。次年，首家相互农险公司——阳光农业相互保险公司开业。农险产品覆盖对水稻、小麦、油菜、生猪、能繁母猪、奶牛、蔬菜、公益林、农机等财产的保险。自 2007 年起，中央财政开始实施一系列农业保险保费贴补政策。

2011 年 9 月，强台风“纳沙”和“尼格”先后在海南登陆，海南橡胶集团的橡胶树林遭受重创，人保农险及时赔付 9600 万元，创我国农险单笔最大赔款

首家保险资产管理公司

2003 年 7 月，经国务院同意和原中国保监会批准，中国人民保险公司重组改制后设立的中国人保控股公司，发起设立了国内首家保险资产管理公司——中国人保资产管理股份有限公司。

承保业务和投资业务是保险公司最为重要的两个收入来源。2008 年，对外经济贸易大学保险学院徐高林副教授编写的《保险资金投资管理教程》，是我国较早出版的保险资产管理优秀教材

2021 年 7 月 30 日，安联保险资产管理有限公司获得原中国银保监会的开业批复，成为中国首家获批成立的外商独资保险资产管理公司

保险公司在香港上市

中国人民保险控股公司所属的人保财险于 2003 年 11 月在香港成功上市，是国内第一家完成股份制改造的国有金融机构，也是内地第一家在香港上市的金融保险机构。一个月后，中国人寿在香港上市。2004 年 6 月 24 日，中国平安在香港整体上市。

2003 年 11 月 6 日，人保财险在香港上市，发行价为 1.8 港元

2003 年 12 月 18 日，中国人寿在香港上市

第一家专业养老保险公司

我国社会老龄化程度的加深，客观上要求加快发展商业养老保险。2004 年，平安养老保险股份有限公司成立，之后，我国又陆续成立了更多商业养老保险公司。2022 年 3 月初，原银保监会将专属商业养老保险试点拓宽到全国，意在激活我国养老金第三支柱——商业养老保险的市场作用。国民养老保险股份有限公司于 2022 年 3 月成立，形成专业养老保险公司多元化发展的格局。

平安养老保险徽标

国民养老保险徽标

第一家健康保险公司

2005 年，中国人民保险公司联合欧洲最大的健康保险公司——德国健康保险公司（DKV），发起设立我国第一家商业健康保险公司——中国人民健康保险公司，在我国健康保险市场首次提出“健康保险 + 健康管理”的经营理念。

2014 年，国务院专门发文，要求加快发展商业健康保险。

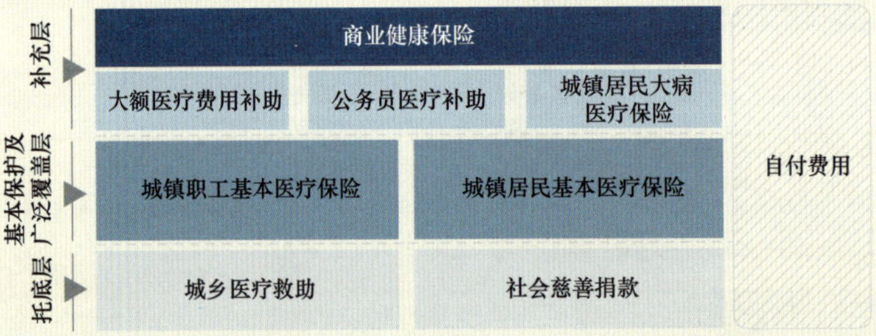

在我国多层次医疗保障体系中，商业健康保险是不可或缺的重要组成部分

保险监管确立三支柱原则

2006 年，原保监会正式出台《关于规范保险公司治理结构的指导意见》，借鉴国际经验，提出以偿付能力监管（定量监管要求）、公司治理结构监管（定性监管要求）和市场行为监管（市场约束机制）为三大支柱的现代保险监管体系，并结合我国实际情况，提出相关监管方式和手段，标志着我国现代保险治理结构和监管框架体系初步形成。

交强险

交强险实施后第二年的强制保险标志

2006 年 3 月 21 日，国务院根据《中华人民共和国道路交通安全法》颁布《交强险条例》，正式实施交通事故责任强制保险。交强险责任限额起初为 6 万元，2008 年提高到 12.2 万元，2020 年又进一步提高到 20 万元。2012 年，外资保险公司被允许经营交强险业务。

国务院颁布“国十条”

2006 年 5 月 31 日，《国务院关于保险业改革发展的若干意见》发布。这份被称为保险业“国十条”的文件，是自 1998 年原中国保监会成立以来，首份以国务院名义发布的有关保险业总体规划的专门文件。保险作为经济“减震器”和社会“压舱石”的作用更多地得到体现。

专业责任保险公司

2007 年 9 月，我国第一家专业责任保险公司——长安责任保险股份有限公司开业，总部设在北京，注册资本 32.5 亿元。

长安责任保险
CHANG AN LIABILITY INSURANCE

我国的责任保险始于新中国成立初期的强制运输保险。改革开放后，为了服务出口企业，人保开办产品责任保险。2003 年后，中国责任保险市场进入快速发展阶段。图为长安责任保险徽标

偿付能力建设——“偿一代”成型

2008 年 9 月 1 日，原保监会发布《保险公司偿付能力监管规定》，首次引入资本充足率指标，标志着我国第一代保险公司偿付能力监管体系（“偿一代”）完全成型。

经过十几年的不懈努力，我国偿付能力监管制度建设取得了积极成效，积累了弥足珍贵的有益经验。我国还积极参与国际监管规则的制定。

我国保险业偿付能力监管回顾

时间	特点	内容
1978年—2000年	中国人民银行主管偿付能力监管制度引入期	● 1985年，首部保险法规《保险企业管理暂行条例》，提出最低偿付能力、准备金等概念 ● 1998年成立的原保监会，提出“市场行为监管和偿付能力监管并重”的监管思路
2001年—2011年	“偿一代”形成和实施期	● 2003年《保险公司最低偿付能力及监管指标管理规定》，标志着我国保险监管进入“偿一代”时期，监管特点为： ■ 分类监管 ■ 引入“资本充足率”指标 ● 2008年，全球金融危机后，着手研究建立具有鲜明中国特点的保险监管制度
2012年至今	“偿二代”建设和实施期	● 2012年，开启“偿二代”建设 ● 2015年，发布“偿二代”17项监管规则及试运行期的过渡方案 ● 2016年，“偿二代”正式实施 ● 三支柱原则 ■ 定量监管要求 ■ 定性监管要求 ■ 市场约束机制 ● 2022年初，全面实施“偿二代”

自然巨灾损失——南方雨雪冰冻灾害和汶川大地震

从 2008 年 1 月 3 日开始，我国南方遭遇了罕见的雨雪冰冻灾害；截至 2 月 24 日，受灾人口超过一亿，灾害造成大面积的交通瘫痪、通信及供电中断，直接经济损失 1517 亿元，而保险损失不超过 1%。大面积营业中断造成的经济损失，基本没有保险保障。

2008 年 5 月 12 日，汶川发生 8.0 级大地震，造成的经济损失高达 8500 亿元，保险损失仅占 0.2%。2014 年，我国启动巨灾保险试点。

2008 年春运中，群众因交通中断而徒步返乡

汶川大地震后，映秀镇航拍图

《保险保障基金管理办法》

2008 年 9 月，《保险保障基金管理办法》发布，国有独资公司——中国保险保障基金有限责任公司正式挂牌。公司职能包括筹集、管理和运作保险保障基金，监测、评估保险业风险，参与保险业风险处置等。

中国保险保障基金有限责任公司（China Insurance Security Fund Co., Ltd., CISF）的成立，标志着我国保险保障基金开始走上市场化运作道路

奥运会保险

2008 年，第 29 届奥运会在北京召开，中国保险企业为奥运会的全部赛事以及人员和财产提供保险服务，首席承保人为人保财险公司。这是保险业发挥社会管理功能的重要体现。

2008 年奥运会相关保险的总保障人数约为 15 万人，总保险金额高达 3000 亿元，保费约 3 亿元。图为保险金额高达 34.5 亿元的鸟巢体育场

《社会保险法》

2011 年 7 月 1 日，我国正式实施《社会保险法》，国家建立基本养老保险、基本医疗保险、工伤保险、失业保险、生育保险等社会保险制度，标志着中国社会保险的基本制度体系已经形成，社会保险制度运行进入依法推进的新阶段。2012 年，我国出台《军人保险法》，军人社会保险制度得以建立。

全国政协委员、对外经济贸易大学保险学院副院长孙洁教授，建议完善社会保险费征收体制。图为孙洁教授在全国政协会议会场

《农业保险条例》

2012 年 11 月，国务院出台《农业保险条例》，填补了我国《农业法》和《保险法》关于农业保险的法律空白，是我国农业保险发展过程中的一个重要里程碑，标志着我国农业保险业务发展进入有法可依的阶段，对确保我国粮食安全意义重大。

国家"九五"社科基金研究成果《中国农业保险与农村社会保障制度研究》，是我国著名保险专家庹国柱教授和王国军教授的联手著作，对我国农业保险研究和相关政策制定产生了深远影响

观察 8
农民日报
农险保费破千亿元，意味着什么

《农民日报》2023 年 2 月 17 日报道，我国农险保费已破千亿元。自 2007 年在六省区施行政策性农业保险试点后，我国农业保险高速发展，成为农民农业生产的定心丸

大病保险统筹

2012 年 8 月，国家发改委、原保监会等五部委联合发文，鼓励以市为单位开展大病保险统筹，探索建立覆盖职工、城镇居民和农村居民的统一大病保险制度。2013 年 3 月，原保监会发文，明确大病保险市场准入与退出条件。2021 年 5 月，原银保监会发文，落实国务院关于深化医疗保障制度改革的意见。

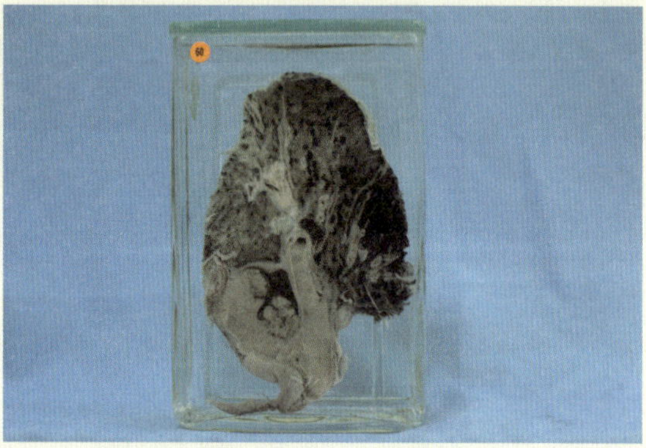

某医学院病理标本博物馆的人肺病变标本。据水滴筹披露的数据，我国当前致死率最高的疾病是肺癌，患者以男性为主，45 岁以上患者约占 9 成，平均治疗花费 19.9 万元

无锡海力士火灾

2013 年 9 月 4 日，无锡 SK 海力士半导体（中国）有限公司发生连锁爆炸并起火，导致保险损失约 9 亿美元，赔款金额约占当年国内企财险市场全年保费收入的 15%。是当时我国保险史上最大单一事故损失。

SK 海力士半导体公司火灾事故现场。据测算，保险公司对该火灾事故赔偿若仅靠其自身保费累积，需要 265 年才能摊回，即使按全国半导体制造业的全部保费计算，也需要 40 年才能摊回

上海自贸区

2013 年 9 月 29 日，中国（上海）自由贸易试验区（简称“上海自贸区”）正式挂牌，太平洋财产保险公司、大众保险公司成为首批入驻上海自贸区的企业，其积极探索离岸保险业务和人民币再保险业务等业务模式创新，旨在提高我国保险市场的国际化水平，加强保险机构的国际竞争能力。

上海自贸区最初是以上海外高桥保税区为核心，辅之以上海浦东机场综合保税区和洋山港临港新城而设立的中国首个自由贸易试验区。图为上海自贸区外景

首家互联网险企

2013 年 11 月 6 日，我国首家互联网保险公司——众安在线财产保险股份有限公司开业。2015 年 7 月，原保监会发布《互联网保险业务监管暂行办法》，标志着我国互联网保险业务监管制度正式出台，也意味着我国互联网保险的发展渐入正轨。

2013 年—2016 年，我国最早成立的四家专业互联网保险公司的徽标

（四）保险业发展纳入国家顶层设计（2014 年至今）

在过去十多年中，中国保险业的发展取得了举世瞩目的成就，中国已成为世界第二大保险市场，保险业实力不断增强。2014 年，国务院“新国十条”发布后，我国大力发展现代保险服务业，使之成为健全金融体系的支柱力量、改善民生保障的有力支撑、创新社会管理的有效机制、促进经济提质增效升级的高效引擎、实现金融强国的重要助力。

“新国十条”

2014 年 8 月国务院发布《国务院关于加快发展现代保险服务业的若干意见》（“新国十条”），以“顶层设计”形式明确了保险业在经济社会中的重要地位，标志着我国保险事业进入国家发展战略框架。

“新国十条”的颁布，标志着我国保险业发展进入“黄金大升级时代”

巨灾保险试点

2014 年，首个巨灾保险试点在深圳市启动，侧重对居民个体的保障。2016 年启动的中国城乡居民住宅地震保险共保体，共有 45 家保险公司参与，按照地区风险高低、建筑结构等拟定差异化的保险费率。2016 年，广东巨灾保险项目试点启动，这是我国首次使用商业保险为地方财政提供保险保障。

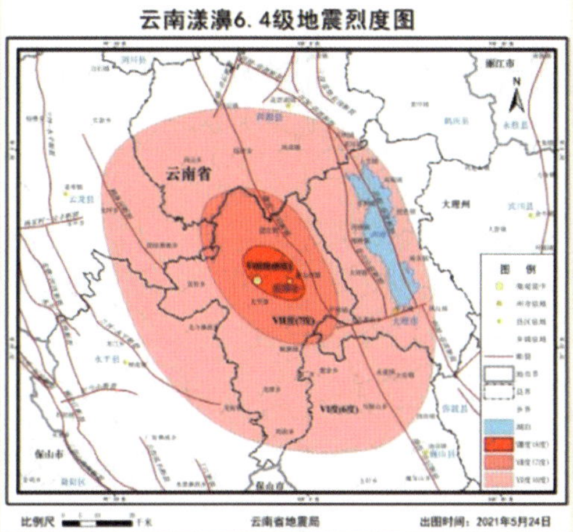

2021 年 5 月 21 日，云南省漾濞发生 6.4 级地震。云南省大理白族自治州地方财政提供的政策性农房地震保险——农房地震指数保险，在灾后重建中，发挥了重要作用

2023 年 7 月 31 日，受台风“杜苏芮”影响，暴雨过后的北京永定河洪水泛滥。承接北京市社科基金规划项目“韧性城市视角下北京市公共巨灾保险制度构建研究”的对外经济贸易大学保险学院副院长何小伟教授，在接受《金融时报》采访时表示，“在保险业发展过程中，各级政府发挥的作用十分关键，巨灾保险领域同样离不开政府的参与”

车险费改

2015 年，原保监会启动第二次车险费改和综合改革，持续五年落地，对车险市场意义重大。

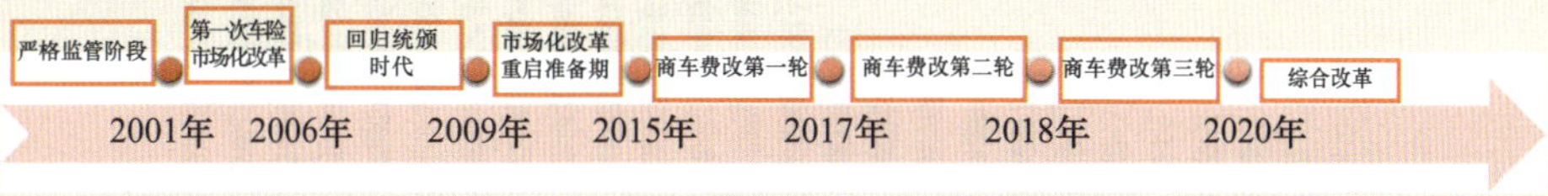

我国车险市场改革进程图

我国车险改革进程概述

时间	进程	特点/内容
2000年以前	严格监管时期	条款及费率由中国人民银行审批
2001年—2006年	第一次车险市场化改革	市场化改革初探阶段 各保险公司被允许自主开发车险条款和厘定费率
2007年—2009年	回归统颁时代，监管推动信息化建设	原保监会“七折令”出台 保险行业协会统一制定ABC三款基本车险条款
2010年—2014年	市场化改革重启准备期	深圳试点 商业车险信息共享平台全国推广 多地保险行业协会因涉嫌违反《反垄断法》被罚
2015年2月	商车费改第一轮启动	升级商车示范条款及保费定价公式 设定自主定价系数，赋予保险公司更多自主定价权
2017年6月	商车费改第二轮启动	部分地区下调费率调整系数下限 实行“三率”阈值监管
2018年3月	商车费改第三轮启动	进一步调整费率下调下限 要求贯彻“报行合一”原则
2020年7月	综合改革启动	提高交强险的总限额和费率浮动系数 全面放开商业车险的自主定价系数 旨在“降价、增保、提质”

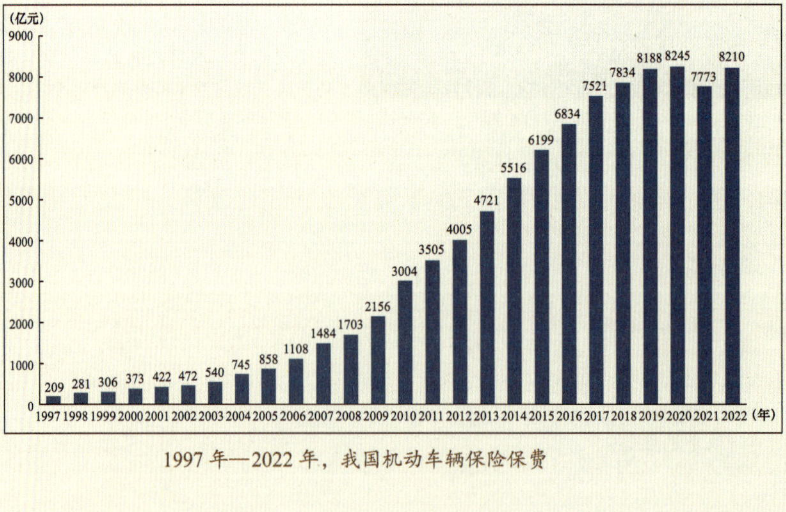

1997年—2022年，我国机动车辆保险保费

天津瑞海公司爆炸事故

2015 年 8 月 12 日，天津市滨海新区瑞海公司危险品仓库发生爆炸，核定直接经济损失 69 亿元。瑞士再保险公司将该事故列为亚洲历史上最大的人为原因损失事故，全球保险及再保险市场损失约 40 亿美元。

在瑞海事故中，某外资保险公司承保的进口汽车发生全损

险资“举牌”潮

2012 年以来，部分中小险企通过万能险等中短存续期产品，积蓄了大量保费收入。2015 年，资本市场刮起一股险资“举牌”潮。随后，原保监会发布一系列限制中短存续期产品的监管规定，整个寿险业随之进入回归保障本源的转型期。

“万科宝能大战”为此次“举牌”潮之代表事件

保险扶贫

原保监会等七部委于 2016 年 3 月 16 日联合发布《关于金融助推脱贫攻坚的实施意见》，拉开了保险业精准扶贫的序幕。中国模式的保险扶贫，将政府支持和市场运作相结合，发挥保障、增信和融资三个方面的作用。全国各地积极探索不同扶贫模式。

河北阜平模式：2014 年 7 月，河北省阜平县政府与保险公司紧密合作，探索以农业保险为突破口的“金融扶贫、保险先行”精准扶贫模式。图为农业保险所承保的阜平大枣

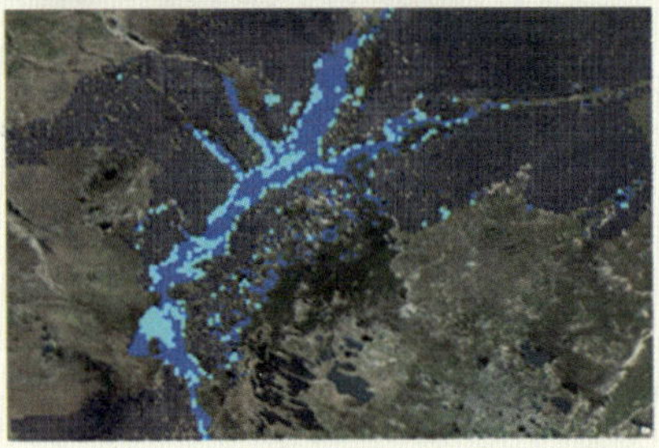

黑龙江模式：2016 年，瑞士再保险公司作为技术顾问，协助黑龙江省财政厅研究并设计了中国首个“农业财政巨灾指数保险”，承保干旱、低温和洪涝等主要风险。图为合成孔径雷达（简称 SAR）检测技术对黑龙江省内主要河流进行的全天时、全天候对地观测

财经周刊

我州保险业发展势头良好社会效益日益显现

规范行业发展 建设保障体系

积极履行社会责任 推进惠民保险工作

财经资讯

规范的管理模式 健康的有力保障

保险明星的展业足迹

大理模式：2016 年 12 月，大理白族自治州政府联合保险公司，探索“城乡居民基本医疗保险＋大病保险＋建档立卡贫困户补充医疗保险”三道保障线的健康保险扶贫模式。图为《大理日报》报道试点成效

水滴筹 P2P 社交筹款平台

2016 年，水滴筹 P2P 社交筹款平台成立，为我国的互联网大病互助共济平台。至 2018 年 9 月，水滴筹累计筹款金额超过 100 亿元，服务 80 多万名经济困难的大病患者，汇聚了 3.4 亿次互助筹款。2021 年 5 月，水滴公司在纽交所上市。

图为水滴公司标识

“百万医疗险”与惠民保

2017 年，互联网险企——众安保险率先推出“百万医疗险”，随后跟进的有安心财险、易安财险、泰康在线、平安健康等互联网险企。该险涵盖“一般医疗”和“恶性肿瘤医疗 / 重疾医疗”两部分保障，通常，保额至少达到 100 万元，故称“百万医疗险”。

2020 年后推出的惠民保，是险企与政府合作的普惠版医疗保险。

某企业的“金色阳光计划”为其全国直营市场所有全职员工投保百万医疗保险

银保监会成立

为了防范系统性金融风险，国务院决定设立中国银行保险监督管理委员会（简称“银保监会”）。2018 年 4 月 8 日，银保监会揭牌。2023 年 3 月，中共中央、国务院印发《党和国家机构改革方案》，不再保留该机构。

原银监会和原保监会的合并，标志着我国统一金融监管框架的进一步形成

国家医疗保障局成立

2016 年，国务院发文，整合城镇居民基本医疗保险和新型农村合作医疗两项制度，建立统一的城乡居民基本医疗保险制度。2018 年 5 月 31 日，国家医疗保障局成立。截至 2020 年底，我国全口径基本医疗保险参保人数达 13.6 亿人，参保覆盖面稳定在 95% 以上，全民医保目标基本实现。

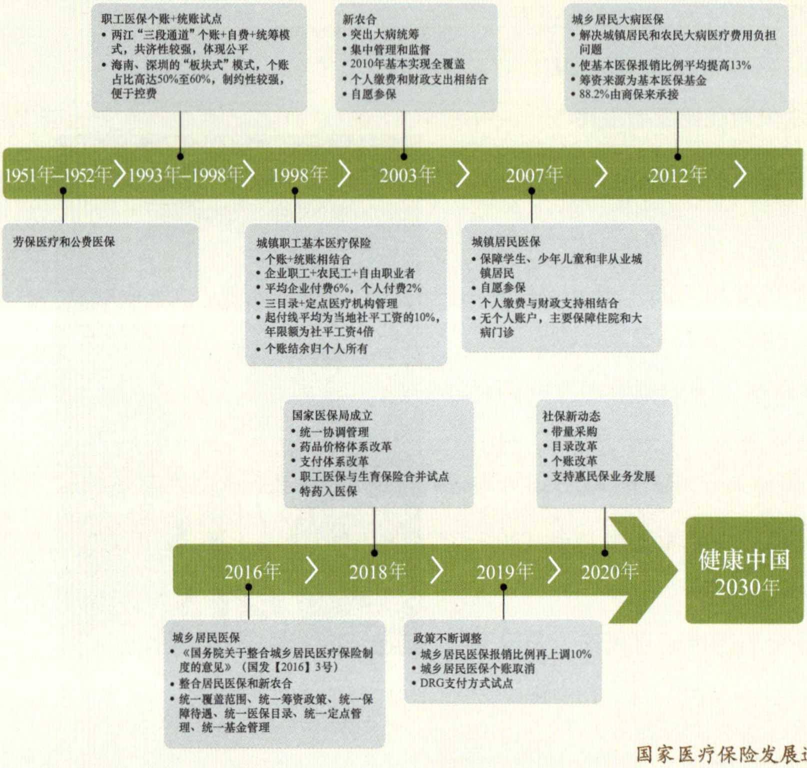

国家医疗保险发展进程示意图

从相互保到相互宝

2018 年 10 月 16 日，中国 P2P 平台“相互保”上线，由国内唯一相互制寿险组织——信美人寿相互保险社承保大病保险。同年 11 月 27 日，相互保改称“相互宝”，信美人寿退出承保，该服务不再具有保险属性。

2022 年 1 月 29 日，相互宝停止运行。在此之前，有轻松互助、水滴互助等 9 家互助平台陆续宣布关停。

相互宝标识。据国际合作与相互保险联盟（ICMIF）统计，全球相互制保险组织保费收入，于 2022 年达到 2470 亿美元，会员接近 4 亿人。自 2007 年以来，全球相互制保险市场保费，年增长率超过 30%

银保业务新规

2019 年 8 月，原银保监会发布《商业银行代理保险业务管理办法》，首次对商业银行代销的保险产品类型进行明确规定，要求大力发展长期储蓄型和风险保障型保险产品，规定银行经营保险代理业务应取得许可证。我国银保业务大约在 2001 年开始兴起。

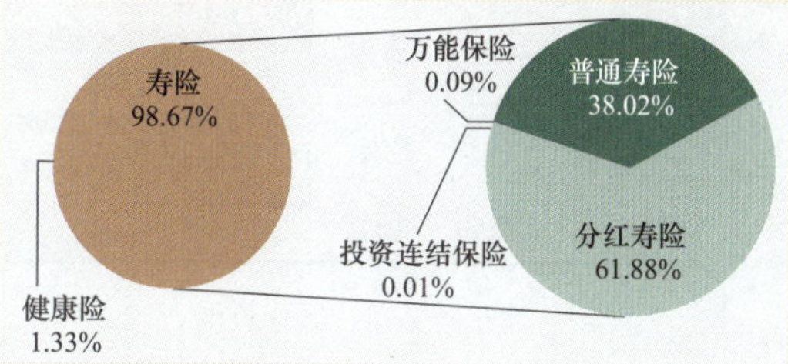

图为 2021 年，我国人身保险业务中的银保业务保费收入构成。其中，分红寿险所占比例最高

新冠疫情暴发

疫情暴发初期，鲜有险种对疫情造成的损失予以赔偿。后在原银保监会的倡导下，保险业将意外险、健康险等产品保险责任范围扩展，承保了该风险，适当降低了受疫情影响的企业、行业和地区的保险费率。2020 年，我国保险业疫情专属保险理赔金额达 4.9 亿元。

隔离险宣传广告。疫情期间，保险市场推出类似“疫情隔离险”等产品

互联网保险业务监管

2020 年 12 月，原银保监会发布《互联网保险业务监管办法》，标志着我国互联网保险业务进入正轨、快速发展阶段。当前，我国互联网保险业务保费，约占全国总保费的 5%。

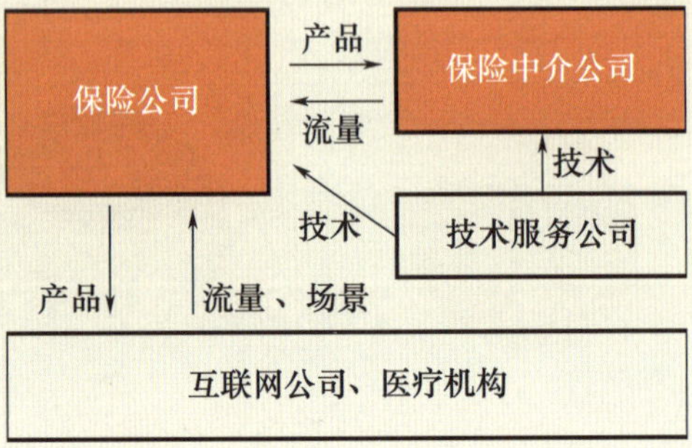

互联网保险产业链条。互联网技术服务公司对保险公司和保险中介公司来说，至关重要

新能源汽车保险

2021 年 12 月 14 日，中国保险行业协会正式发布《新能源汽车商业保险专属条款（试行）》，标志着我国汽车保险业务的转型，与智能汽车保险国际发展趋势基本同步。2023 年，我国新能源汽车保有量已经超过 2041 万辆。

街头越来越普遍的电动汽车充电桩设施。新能源汽车给保险行业和法律界带来新课题

国家金融监督管理总局成立

2023 年 5 月，根据《党和国家机构改革方案》，国家金融监督管理总局正式挂牌，这一举措旨在深化金融监管体制改革，加强和完善现代金融监管，促进实现金融监管全覆盖，解决新金融行为出现后所导致的金融监管“盲区”。

2023 年 5 月 18 日，国家金融监督管理总局揭牌

新中国成立后，保险行业监管机构的演化

时 间	主管机构	背 景
1949 年 10 月	中国人民银行	人保成立伊始 根据《中国人民银行试行组织条例》规定
1952 年 6 月	财政部	按照苏联模式
1959 年 8 月	中国人民银行	国内保险业务全面停办
1965 年	中国人民银行	恢复中国人民保险公司建制，将保险处升格为局级机构
1979 年	中国人民银行	国内保险业务准备恢复
1983 年	国务院	意在强化监管职能
1985 年	中国人民银行	根据《保险企业管理暂行条例》规定
1994 年	中国人民银行非银行金融机构管理司下设的保险处	专门负责保险业监管
1995 年	中国人民银行设立保险司	专门负责中资保险公司监管
1998 年	中国保险监督管理委员会	专业化、规范化监管，2003 年升格为国务院直属正部级事业单位
2018 年	中国银行保险监督管理委员会	防范系统性金融风险 根据国务院机构改革方案
2023 年	国家金融监督管理总局	依据《党和国家机构改革方案》，依法对除证券业之外的金融实体实行统一监管，加强和完善现代金融监管，实现金融强国的制度保障

报行合一，规范经营

2023 年 8 月和 2024 年 1 月，国家金融监督管理总局连续发文，重申对银保业务和人身保险业务“报行合一”的规定，要求保险公司“三费合一”，即精算假设费用、预算费用和考核费用相统一。此举对促进我国保险行业规范经营和高质量发展意义重大。

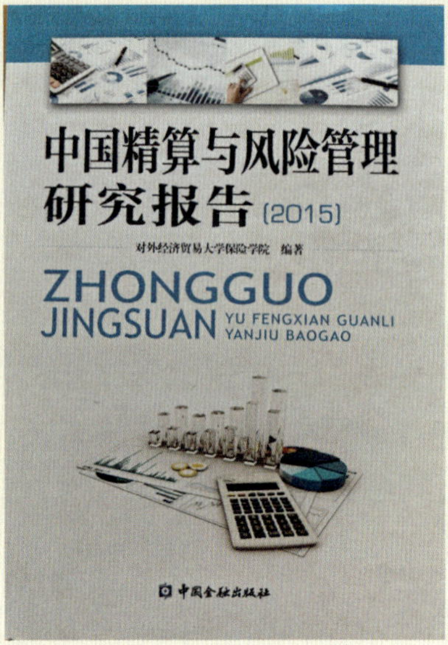

“报行合一”是个诚信问题，更是个精算问题。对外经济贸易大学保险学院院长、精算学教授谢远涛在接受《中国银行保险报》采访时表示，“‘报行合一’对保险公司精算技术在精细化费用管理各个环节中的运用，提出了更高要求”。图为对外经济贸易大学保险学院编著的《中国精算与风险管理研究报告》

国务院关于保险业高质量发展的若干意见

2024 年 9 月 11 日，国务院印发《关于加强监管防范风险推动保险业高质量发展的若干意见》。这是继 2006 年和 2014 年后，国务院第三次就我国保险业现代化发展专门发布指导意见，提出了加强监管、防范风险、实现高质量发展三大中心任务，对我国保险业未来五年至十年的改革发展作出系统规划和安排。

国务院关于保险业发展的指导意见（“国十条”）

年份	2006 年	2014 年	2024 年
指导意见名称	《国务院关于保险业改革发展的若干意见》	《国务院关于加快发展现代保险服务业的若干意见》	《关于加强监管防范风险推动保险业高质量发展的若干意见》
第一条	充分认识加快保险业改革发展的重要意义	总体要求	总体要求
第二条	加快保险业改革发展的指导思想、总体目标和主要任务	构筑保险民生保障网，完善多层次社会保障体系	严把保险市场准入关
第三条	积极稳妥推进试点，发展多形式、多渠道的农业保险	发挥保险风险管理功能，完善社会治理体系	严格保险机构持续监管

续表

年份	2006 年	2014 年	2024 年
第四条	统筹发展城乡商业养老保险和健康保险，完善多层次社会保障体系	完善保险经济补偿机制，提高灾害救助参与度	严肃整治保险违法违规行为
第五条	大力发展责任保险，健全安全生产保障和突发事件应急机制	大力发展“三农”保险，创新支农惠农方式	有力有序有效防范化解保险业风险
第六条	推进自主创新，提升服务水平	拓展保险服务功能，促进经济提质增效升级	提升保险业服务民生保障水平
第七条	提高保险资金运用水平，支持国民经济建设	推进保险业改革开放，全面提升行业发展水平	提升保险业服务实体经济质效
第八条	深化体制改革、提高开放水平，增强可持续发展能力	加强和改进保险监管，防范化解风险	深化保险业改革开放
第九条	加强和改善监管，防范化解风险	加强基础建设，优化保险业发展环境	增强保险业可持续发展能力
第十条	进一步完善法规政策，营造良好发展环境	完善现代保险服务业发展的支持政策	强化推动保险业高质量发展政策协同

改革开放以后，我国保险业恢复生机。21 世纪初，更是进入高速增长的黄金阶段，且形成了具有鲜明中国特点的行业格局。2006 年、2014 年和 2024 年，国务院三次发布关于保险业发展的指导意见。目前，我国保费收入规模已经位列世界第二，保险深度和保险密度等量化指标不断提升，已建立大病保险制度，农业保险体制机制亦日益完善。随着环责险和巨灾保险制度的建立，保险业在更多领域发挥着经济“减震器”和社会“稳定器”的功能。数字化时代来临，保险科技的应用为我国保险业带来巨大的增长动力，也形成全新的行业生态。我国保险业的高质量发展，将助力金融强国战略目标的实现。

第三部分

PART THREE

保险教育历史

世界保险业不断发展和演化，除了精英人物创新引领，还需要专业人才的强大支撑。保险教育作为保险人才的摇篮，始于西方保险公司内部的职业培训。保险学会和各类行业协会提供职业资质教育，培养了业务骨干。大学教育则不断深耕保险和风险管理理论与实务，培养了大批高层次人才，以适应保险行业广泛性、复杂性和专业性的特点。保险教育的笃行和创新，是世界保险行业可持续发展的核心保障。

Part III History of Insurance Education

Development of world insurance has demonstrated the importance of strong support by galore professionals apart from the leading by industrial advocates. Insurance education, a cradle of insurance talents, stemmed from the vocational training of Western insurance companies while insurance societies and relevant associations have brought up bundles of qualified personnel. Higher education has turned out a galaxy of high-level professionals in addition to research of updated insurance theory and practices study, adapting to the broad scope, complexity, and professionalism of the insurance industry. The perseverance and innovation of higher education and vocational education in insurance has proved a core guaranty for the sustainable development of the industry.

一、国际保险教育历史

（一）职业教育

保险职业教育大约在19世纪始于英美。最早的精算和水险学会，由保险行业推动成立，并有皇家特许状的加持。各类学会通过举办职业资质考试，为保险行业培养专门人才。

1. 英国的保险职业教育

英国的保险职业教育起步较早，英国精算师协会和特许保险人学会久负盛名。

1848 年

英国精算师协会

成立于1848年的英国精算师协会（IFoA），是世界最古老的专业精算团体，由英格兰精算师协会和苏格兰精算师协会合并而成。1884年，获得皇家特许状。

IFoA徽章设计元素含义：盾牌中的曲线代表数学曲线以及未来财务收益。两只沙漏代表时间和不确定性。两只猫头鹰代表智慧，底座上的英格兰玫瑰和苏格兰洋蓟代表协会的渊源。最上方的羊毛袋子代表协会总部早期的办公地址——羊毛市集英国Staple旅社

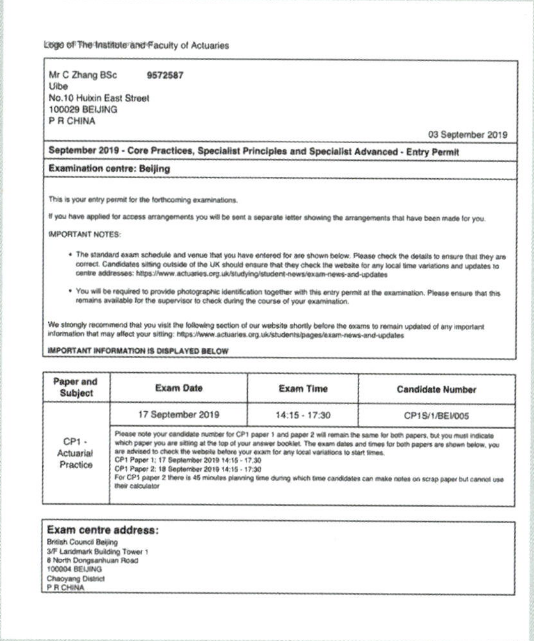

Logo of The Institute and Faculty of Actuaries

Mr C Zhang BSc　**9572587**
Uibe
No.10 Huixin East Street
100029 BEIJING
P R CHINA

03 September 2019

September 2019 - Core Practices, Specialist Principles and Specialist Advanced - Entry Permit

Examination centre: Beijing

This is your entry permit for the forthcoming examinations.

If you have applied for access arrangements you will be sent a separate letter showing the arrangements that have been made for you.

IMPORTANT NOTES:

- The standard exam schedule and venue that you have entered for are shown below. Please check the details to ensure that they are correct. Candidates sitting outside of the UK should ensure that they check the website for any local time variations and updates to centre addresses: https://www.actuaries.org.uk/studying/student-news/exam-news-and-updates
- You will be required to provide photographic identification together with this entry permit at the examination. Please ensure that this remains available for the supervisor to check during the course of your examination.

We strongly recommend that you visit the following section of our website shortly before the exams to remain updated of any important information that may affect your sitting: https://www.actuaries.org.uk/students/pages/exam-news-and-updates

IMPORTANT INFORMATION IS DISPLAYED BELOW

Paper and Subject	Exam Date	Exam Time	Candidate Number
CP1 - Actuarial Practice	17 September 2019	14:15 - 17:30	CP1S/1/BEI/005
	Please note your candidate number for CP1 paper 1 and paper 2 will remain the same for both papers, but you must indicate which paper you are sitting at the top of your answer booklet. The exam dates and times for both papers are shown below, you are advised to check the website before your exam for any local variations to start times. CP1 Paper 1: 17 September 2019 14:15 - 17:30 CP1 Paper 2: 18 September 2019 14:15 - 17:30 For CP1 paper 2 there is 45 minutes planning time during which time candidates can make notes on scrap paper but cannot use their calculator		

Exam centre address:
British Council Beijing
3/F Landmark Building Tower 1
8 North Dongsanhuan Road
100004 BEIJING
Chaoyang District
P R CHINA

对外经济贸易大学保险学院2014级本科生张同学参加的IFoA《资产负债管理》CP1科目的准考证

Institute and Faculty of Actuaries

Ms W Wang AIA
PwC
Tower A
Beijing Fortune Plaza
7 Dongsanhuan Zhong Road
BEIJING
Chaoyang District
100020
MAINLAND CHINA

28 October 2020
Reference: 9558309/MEMCONFMEM

Dear Ms Wang

Wentan Wang

I can confirm that you are a current Associate of the Institute and Faculty of Actuaries.

Our records show that you became a member on 22/08/2017 and qualified as a Associate on 30/09/2020.

Please contact us if you need further information.

Yours sincerely

Jess Foyster
Membership Team
+44 (0)131 240 1325
membership@actuaries.org.uk

Please reply to Membership

www.actuaries.org.uk

中国一些高校获得了IFoA课程认证。对外经济贸易大学保险学院2013—2016级精算专业学生中，参加认证考试的多达120余名。图为对外经济贸易大学保险学院2010级本科生王同学获得的IFoA正精算师证书

1897 年

皇家特许保险学会

皇家特许保险学会（Chartered Insurance Institute，CII）于 1912 年获得皇家特许状，其前身为成立于 1897 年的“大不列颠和爱尔兰保险学会”。CII 致力于保险教育事业，从 1913 年起提供职业资质考试。CII 职业资质代表了全球最具竞争力的保险实务水平。

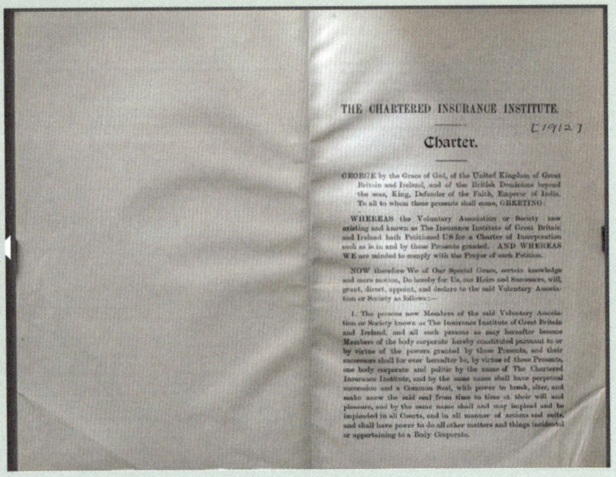

THE CHARTERED INSURANCE INSTITUTE.

[1912]

Charter.

GEORGE by the Grace of God, of the United Kingdom of Great Britain and Ireland, and of the British Dominions beyond the seas, King, Defender of the Faith, Emperor of India. To all to whom these presents shall come, GREETING:

WHEREAS the Voluntary Association or Society now existing and known as The Insurance Institute of Great Britain and Ireland hath Petitioned US for a Charter of Incorporation such as is in and by these Presents granted. AND WHEREAS WE are minded to comply with the Prayer of such Petition.

NOW therefore We of Our Special Grace, certain knowledge and mere motion, Do hereby for Us, our Heirs and Successors, will, grant, direct, appoint, and declare to the said Voluntary Association or Society as follows:—

1. The persons now Members of the said Voluntary Association or Society known as The Insurance Institute of Great Britain and Ireland, and all such persons as may hereafter become Members of the body corporate hereby constituted pursuant to or by virtue of the powers granted by these Presents, and their successors shall for ever hereafter be, by virtue of these Presents, one body corporate and politic by the name of The Chartered Insurance Institute, and by the same name shall have perpetual succession and a Common Seal, with power to break, alter, and make anew the said seal from time to time at their will and pleasure, and by the same name shall and may implead and be impleaded in all Courts, and in all manner of actions and suits, and shall have power to do all other matters and things incidental or appertaining to a Body Corporate.

CII 获得的皇家特许状

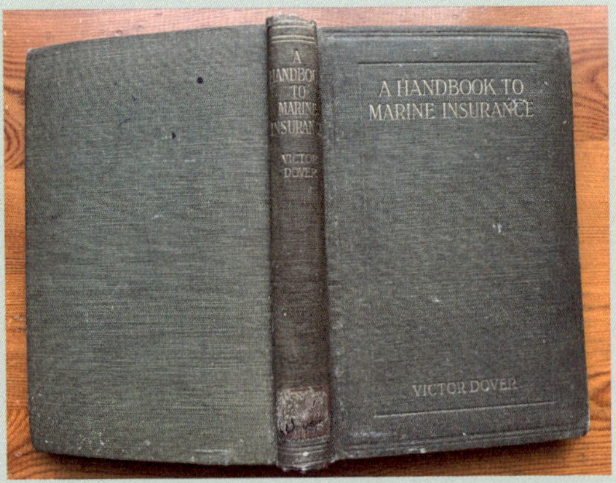

1922 年在英国出版的《海上保险手册》，作者维克多·多弗（Victor Dover）是英国著名的保险法律和实务专家，其所讲授的课程，构成 CII 课程体系的基础科目

CII 职业道德基本标准包括：

- 遵守道德规范和相关法律法规
- 行为符合最高职业标准和诚信
- 客户利益至上
- 提供高水平服务
- 公平待人，反对歧视

CII 徽章

CII 徽章设计元素含义如下：

- 剑与手

手抓着圣保罗剑的剑刃而非剑把，代表武器中性化，暗喻保险减少损失和损害的基本职能。

- 狮子与独角兽

英格兰皇家狮子和苏格兰独角兽，代表 CII 扮演“守护者”的角色。

- 书本

两个守护者之间打开的书本，代表协会作为专业团体具有指导、教育和提供专业资质考试的职能。

- 火、麦穗和锚

火焰代表火灾保险，麦穗代表寿险，锚代表海上保险。

水平线上的链条，代表意外伤害保险以及其他险种。

2. 美国的保险职业教育

作为英国前殖民地，美国的精算和保险教育也深受英国影响。20 世纪中叶后，美国的保险教育开始引入风险管理内容，执国际保险教育发展之牛耳。

1889 年

美国精算学会

19 世纪末，北美大约已有 100 名精算师。1889 年 4 月 25 日，由北美各大寿险公司总精算师牵头，在纽约成立美国精算学会（ASA）。从 1896 年开始举办精算师考试，1900 年，产生第一位由考试认证的精算师。

1909 年，另一些精算师成立了美国精算师学会（AIA），主要从事年金精算。1949 年，ASA 与 AIA 合并，成立北美精算师协会（SOA）。

1812 年，北美第一位执业精算师雅各布·休梅克（Jacob Shoemaker）创立了美国第一家商业寿险公司——宾夕法尼亚寿险和年金公司。休梅克对研究精算十分着迷，自愿放弃总裁职位而改任公司的精算师。他搜集数据，制定了一份生命表，用于自家公司寿险产品的保费计算

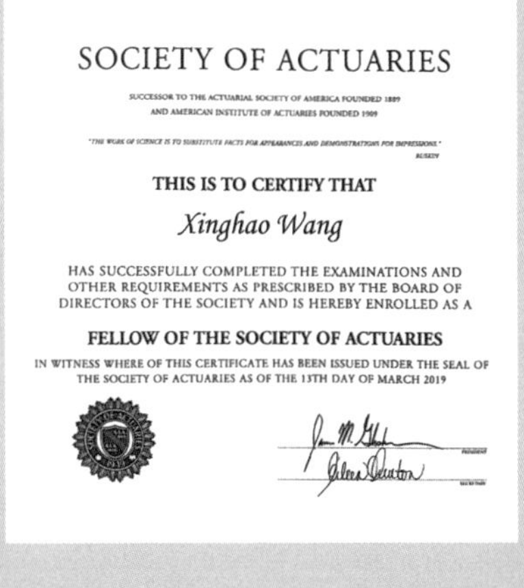

SOCIETY OF ACTUARIES

SUCCESSOR TO THE ACTUARIAL SOCIETY OF AMERICA FOUNDED 1889
AND AMERICAN INSTITUTE OF ACTUARIES FOUNDED 1909

"THE WORK OF SCIENCE IS TO SUBSTITUTE FACTS FOR APPEARANCES AND DEMONSTRATIONS FOR IMPRESSIONS."
RUSKIN

THIS IS TO CERTIFY THAT

Xinghao Wang

HAS SUCCESSFULLY COMPLETED THE EXAMINATIONS AND OTHER REQUIREMENTS AS PRESCRIBED BY THE BOARD OF DIRECTORS OF THE SOCIETY AND IS HEREBY ENROLLED AS A

FELLOW OF THE SOCIETY OF ACTUARIES

IN WITNESS WHERE OF THIS CERTIFICATE HAS BEEN ISSUED UNDER THE SEAL OF THE SOCIETY OF ACTUARIES AS OF THE 13TH DAY OF MARCH 2019

对外经济贸易大学保险学院 2010 级本科生王同学，于 2019 年考取的 SOA 正精算师证书

1909 年

美国保险学会及 CPCU 资质

1909 年，美国保险学会（IIA）成立。1942 年，学会设立特许财产与意外保险承保人（CPCU）职业资质考试。随即，美国财产与责任承保人学会（AIPLU）成立，宾夕法尼亚大学沃顿商学院教授参与组织和管理。2009 年，美国保险学会更名为 The Institutes。

The American Institute for Chartered Property Casualty Underwriters

Whereas it is the purpose of this Institute to recognize properly qualified property and casualty insurance professionals we the Board of Trustees of The American Institute for Chartered Property Casualty Underwriters confer on

LIN KOU

the designation of

Chartered Property Casualty Underwriter, CPCU

having fulfilled the conditions of eligibility, passed the entire series of examinations, and satisfied the insurance experience and ethics requirements as prescribed by the Institute for this designation

In witness of this, we have affixed the seal of The American Institute for Chartered Property Casualty Underwriters at Malvern, Pennsylvania, this fifteenth day of May, 2013

美国 CPCU 与英国 CII 齐名，是全球最有影响力的两大保险职业资质。图为对外经济贸易大学保险学院 2003 级本科毕业生寇同学所考取的 CPCU 证书及其使用的部分考试教材

1914 年

北美产险精算协会

北美产险精算协会（CAS）成立于 1914 年，其前身为产险精算与统计学会，是世界上唯一专注于财产责任保险领域的精算专业组织。

CAS 徽标

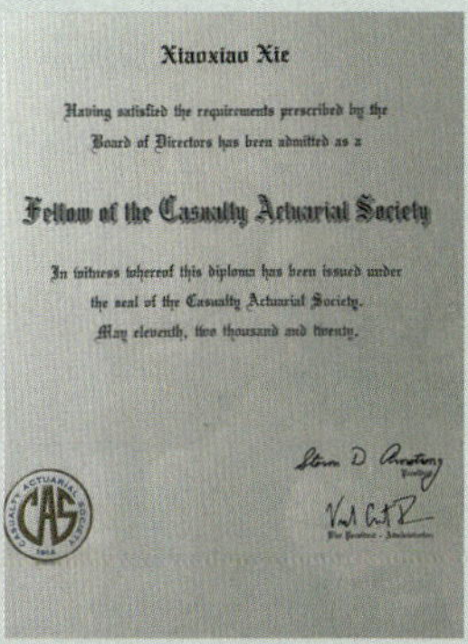

Xiaoxiao Xie

Having satisfied the requirements prescribed by the Board of Directors has been admitted as a

Fellow of the Casualty Actuarial Society

In witness whereof this diploma has been issued under the seal of the Casualty Actuarial Society.
May eleventh, two thousand and twenty.

对外经济贸易大学保险学院 2010 级本科生谢同学，于 2020 年考取的 CAS 正精算师证书

1924 年

美国寿险管理协会

1924 年，美国寿险管理协会（LOMA）成立于美国印第安纳州，专门培养寿险专业人才。1931 年，LOMA 推出寿险管理师（FLMI）认证计划，1937 年，产生第一份寿险管理师资质证书。

LOMA 徽标。友邦保险公司率先将 LOMA 考试引入中国并设立考试中心

1950 年

美国风险和保险管理学会

美国风险和保险管理学会（RIMS）是全球卓越的风险管理与保险教育机构，其前身为 1950 年成立的全国保险采购经理协会。随着大学会员单位不断增加，RIMS 于 1965 年设立了风险管理教育项目。目前，RIMS 提供风险管理职业认证考试 (Certified Risk Management Professional，CRMP)，是全球唯一通过国际标准化组织和国际电工委员会（ISO/IEC）认证的风险管理职业资质。

RIMS 徽标

1975 年，RIMS 庆祝学会成立 25 周年

1996 年

GARP 与金融风险管理师

1996 年成立的全球风险专业人士协会（GARP），是在美国注册的非营利性组织，从事金融风险管理资质认证和教育服务。GARP 提供的“金融风险管理师”（FRM）认证在全球享有盛誉，受到全球金融风险管理行业的广泛认可。

FRM 资质认证对金融专业的学生来说，是非常重要的能力证明

GARP
FRM | Financial Risk Manager

GLOBAL ASSOCIATION OF RISK PROFESSIONALS

The Board of Trustees certifies that

CHAI,LIXIANG

GARP ID: 626576

having demonstrated knowledge and proficiency to the Financial Risk Manager (FRM®) Committee and the Board of Trustees is granted the designation of

FINANCIAL RISK MANAGER

and is in good standing and entitled to all rights and privileges accorded to this designation on this eleventh day of July, in the year two-thousand and twenty-two

BRADFORD HU, CHAIR, BOARD OF TRUSTEES
NICK STRANGE, CHAIR, FRM COMMITTEE
RICHARD APOSTOLIK, PRESIDENT AND CEO

对外经济贸易大学保险学院 2017 级硕士研究生柴同学，于 2022 年获得的 FRM 资质证书

3. 日本的保险职业教育

1899 年

日本精算师协会

日本精算师协会（IAJ）成立于 1899 年，目前有超过 5000 名会员。IAJ 致力于精算科学的研究和教育，促进精算专业人员在亚洲和全球的交流与合作。

IAJ 曾于 1998 年 3 月 20 日与原中国金融学院签署合作协议，设立日本精算师资格考试中心。图为 IAJ 的徽标

（二）大学教育

1. 美国大学保险教育

美国大学在 19 世纪末至 20 世纪初就已开设保险类课程。20 世纪五六十年代后，美国大学传统的保险教学逐渐转型为“风险管理 + 保险”。

1901 年
纽约保险学院

1901 年，美国保险界领袖们成立了一个保险图书馆，即纽约保险学社（ISNY），为立志进入保险行业的年轻人提供学习场所和资料。纽约保险学社后演变为纽约保险学院（TCI），2001 年并入圣约翰大学托宾商学院，在此基础上成立了毛里斯·格林伯格风险管理保险与精算学院。

TCI 曾拥有世界上最大的风险管理与保险专业图书馆

1913 年

宾大沃顿商学院保险系

宾夕法尼亚大学沃顿商学院的教授所罗门·许伯纳（Solomon Huebner）于 1904 年首次开设保险经济学课程，并于 1913 年设立保险系，创美国大学之首。许伯纳被称为“保险教育之父”，其寿险著作在学界影响深远。是他首次提出“人的生命价值（human life value）”的概念。

所罗门·许伯纳（1882 年—1964 年），美国大学首次系统讲授股票交易的教授，亦被称为“现代金融服务业的设计师”

1919 年

哥伦比亚大学

哥伦比亚大学（Columbia University）是美国最早开设保险课程的大学之一。据有关资料，哥大开设保险法和保险会计课程不迟于 1919 年。1961 年，哥大教授拉尔夫·布兰奇德（Ralph Blanchard）第一次提出“纯粹风险”与“投机风险”的概念。

哥伦比亚大学创建于 1754 年，校训取自《圣经》诗篇第三十六章“在你的光中，我们必得见光”

1938 年

威斯康星大学麦迪逊分校

威斯康星大学麦迪逊分校（UW-Madison）讲授和研究保险的历史可追溯至 1938 年。在 2022 年—2023 年美国大学本科保险专业排名中，UW-Madison 位列第一名。该校的保险项目还获得美国国际保险学会 GCIE 认证。

威斯康星大学麦迪逊分校的吉祥物——獾（Badger）

1955 年

天普大学

1955 年，天普大学教授韦恩·施耐德（Wayne Snider）首次提出“风险经理”的概念，他建议企业将保险采购员或保险经理，改名为风险经理。1956 年，美国著名的保险实业家罗素·盖勒格（Russell Gallagher）在《哈佛商业评论》发文，首次介绍了“风险管理”的概念。

Insurance Buyer 保险采购员 → Insurance Manager 保险经理 → Risk Manager 风险经理 → Risk Management 风险管理

从保险采购员或保险经理，到风险经理、风险管理，标志着保险成为风险管理的一种重要手段

1963 年

风险管理之父

1963 年，伊利诺伊大学厄伯纳香槟分校的金融学教授罗伯特·米尔（Robert I Mehr）和鲍勃·海奇（Bob Hedge）合著了首部风险管理著作。1974 年，二人又合作出版了《风险管理：概念和应用》，这是美国大学首部风险管理教科书。罗伯特·米尔教授和鲍勃·海奇教授被称为“风险管理之父”。

“风险管理之父”的风险管理三原则：

- Don't risk more than you can afford to lose.（冒险，但不要超出自己的承受能力。）
- Consider the odds.（衡量胜算。）
- Don't risk a lot for a little.（不要为小利而冒大险。）

罗伯特·米尔和鲍勃·海奇的著作《风险管理：概念和应用》

1965 年

国际保险学会与 GCIE 认证

国际保险学会（International Insurance Society，IIS）是 1965 年成立的非营利性组织，总部设在纽约，其宗旨是促进全球保险理论与实践交流。IIS 每年召开全球保险行业高层研讨会，为全球保险业作出杰出贡献的人员颁发最高荣誉奖，面向高等教育机构开展“全球卓越保险教育”（Global Centers of Insurance Excellence，GCIE）认证。

GCIE
Global Centers of Insurance Excellence
CERTIFICATE OF RECOGNITION
This is to certify that the
University of International Business and Economics
Has attained the designation of Global Centers of Insurance Excellence for outstanding contributions to the field of insurance education.
2023-November-5
Josh Landau
President of International Insurance Society and Pacific Insurance Conference
IIS INTERNATIONAL INSURANCE SOCIETY
Affiliated with The Institutes
UIBE 1951

2023 年 11 月，对外经济贸易大学保险专业正式获得国际保险学会 GCIE 认证

美国大学保险专业及排名

美国大学风险管理 / 保险（RMI）专业大多设置在商学院的风险管理和保险系，学生获得管理学学位。精算本硕项目常与 RMI 专业一起设置，通常也属于商学院教育项目。2022 年—2023 年，《美国新闻和世界报道》（U. S. News & World Report）的大学保险专业排名如下。

1. University of Georgia
佐治亚大学

1. University of Wisconsin
威斯康星大学麦迪逊分校（并列第一）

3. Florida State University
佛罗里达州立大学

4. Georgia State University
佐治亚州立大学

5. Temple University
天普大学

6. University of Texas at Austine
德克萨斯大学奥斯丁分校

7. Saint Josephs' University
圣约瑟夫大学

8. St' Johns University
圣约翰大学

9. The Pennsylvania State University
宾夕法尼亚州立大学

9. The University of Illinois Urbana Champaign
伊利诺伊大学厄伯纳香槟分校（并列第九）

2. 英国大学保险教育

与美国大学有所不同的是，英国大学的风险管理与保险教育分布在多个学科之中，包括会计学、商学、经济学、金融学、法学、管理学、数学、统计学、精算和投资分析等。以下大学设立了保险或风险管理硕博学习项目。

London School of Economics and Political Science（LSE）
伦敦政经学院

University of Warwick
华威大学

King’s College
国王学院

The University of Manchester
曼彻斯特大学

The University of Edinburgh
爱丁堡大学

Imperial College London
帝国理工学院

University of Kent
肯特大学

英国大学与CII有着广泛的联系，学生凭大学成绩可以申请CII一定课程的免考资格。以下大学的学士或硕士项目与CII有直接合作或认证关系：格拉斯哥喀里多尼亚大学（Glasgow Caledonian University）、诺丁汉大学（Nottingham University）、伦敦大学学院（University College London，UCL）、爱尔兰利默里克大学［University of Limerick（Republic of Ireland）］、伦敦城市大学（City，University of London）、西英格兰大学（University of the West of England）。

3. 日本大学保险教育

据目前资料考证，日本可能是亚太地区最早提供保险高等教育的国家。日本早期的保险教育遵循欧洲方法，学生参加由教授组织的一系列研讨会进行学习和研究。日本大学保险教育的发展更倾向于欧洲模式——为学生提供一些保险课程；提供风险管理与保险（RMI）学位教育的日本大学并不多见。

1886 年

日本东京商业学校

日本东京商业学校于1886年首次开设保险课程“海上保险法”，是亚太地区历史悠久的保险高等教育机构。之后，东京帝国大学（东京大学前身）、神户大学、明治大学、长崎大学、庆应义塾大学和早稻田大学也渐渐地提供保险教育，许多大学专注于保险法研究。

东京商业学校为现日本国立一桥大学（Hitotsubashi University）前身

二、中国保险教育历史

自 19 世纪初保险由西方传入我国后，西方人编写了为数不多的中文保险启蒙书籍。20 世纪初，新式学堂商科教育在我国兴起，带动了保险教育在公立和私立大学起步，从最初设置相关保险课程到成立专门的保险系科，形成初步的保险教育体系。

1949 年以后，我国按照苏联模式进行院校和专业调整。1958 年，国内保险业务停办，高校保险教育也所剩无几。改革开放后，我国保险教育事业迎来蓬勃发展时期。

（一）职业教育

晚清和中华民国时期，外资保险公司垄断着中国保险市场，赚取了丰厚的利润，却没有将西方相对成熟的职业教育引入中国。20 世纪 80 年代，我国保险业务恢复发展后，职业教育有了一定的发展。

1935 年

中国保险学会

1935 年 8 月 3 号，中国近代第一个保险学术团体——中国保险学会在上海成立，宋汉章任理事长，翌年创办《保险季刊》，致力于保险教育推广和保险知识普及。

保险学会主张在小学教科书内加入保险一课，呼吁派遣留学生到海外学习保险，敦促大专院校增设保险课程。学会还定期举办各类保险学术演讲。但是，系统的保险职业教育尚未出现。

保險季刊
第一卷第一期
創刊號
目錄
中國保險學會出版

中国保险学会创办的《保险季刊》

1979 年 12 月，中国保险学会复会——1979 年的全国保险工作会议之后，有关部门决定恢复保险理论研究，筹建中国保险学会，其参照原中国保险学会的宗旨、任务及组织形式，实际上是原中国保险学会的复建。新成立的中国保险学会（ISC），为推动我国保险理论研究、普及保险教育，发挥了重要的作用

1985 年

保险职业学院

1985 年中国人民保险公司总公司创办了湖南保险职工大学，1986 年更名为中国保险管理干部学院，是保险系统自办的唯一大学；2003 年改制为全日制公办普通高等职业院校，更名为保险职业学院。

保险职业学院承担职业培训服务，亦是英国皇家特许保险学会、澳大利亚与新西兰保险学会等国际知名职业资格的中国区考试中心

1999 年

首届保险中介人资格考试

1999 年 3 月，原保监会发文，启动首次保险经纪人资格考试。2000 年和 2002 年，又分别举办首次保险公估人和保险代理资格考试。2015 年，《保险法》部分条款修改，取消了保险代理（销售）和保险经纪从业人员资格核准审批事项，相关保险从业资质考试同时年取消。

原保监会首批签发的保险公估人资格证书

2000 年

中国首届精算师资格考试

中国精算师考试制度从 1999 年开始实施。2000 年 12 月，原保监会首次面向社会举办中国精算师资格考试，共 474 人报名参加。2007 年，中国精算师协会（CAA）成立后，主持中国精算师考试。

2014 年，人社部职业资格目录调整，中国精算师资质曾被取消，2021 年作为水平评价类项目得以恢复，精算师纳入《国家职业资格目录》。

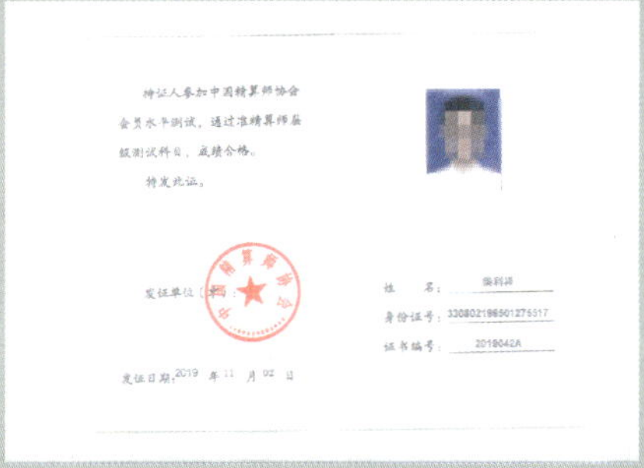

对外经济贸易大学保险学院硕士研究生柴同学获得的中国准精算师证书

2002 年

中国人身保险从业人员资格考试

2002 年，中国人身保险从业人员资格考试（China Insurance Certification & Education，CICE）项目启动。该认证体系包括管理、销售和专业三个系列。2019 年，北美核保师（Academy of Life Underwriting，ALU）国际学分转认协议接受 CICE 的 9 门课程可代替其 ALU、AALU 和 FALU 三级认证中的 9 门课程。

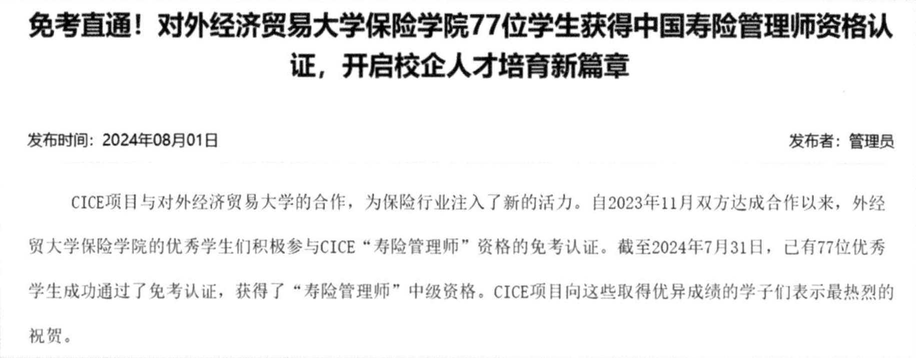

免考直通！对外经济贸易大学保险学院77位学生获得中国寿险管理师资格认证，开启校企人才培育新篇章

发布时间：2024年08月01日　　发布者：管理员

CICE项目与对外经济贸易大学的合作，为保险行业注入了新的活力。自2023年11月双方达成合作以来，外经贸大学保险学院的优秀学生们积极参与CICE“寿险管理师”资格的免考认证。截至2024年7月31日，已有77位优秀学生成功通过了免考认证，获得了“寿险管理师”中级资格。CICE项目向这些取得优异成绩的学子们表示最热烈的祝贺。

CICE 承办机构——广州信平市场策划顾问有限公司官网显示，截至 2024 年 7 月底，对外经济贸易大学已有 77 名学生获得 CICE“寿险管理师”中级资格

（二）大学保险教育

1. 新中国成立前

20 世纪初，清政府废除科举制度，新式教育在中国兴起，新式学堂的商业学科开设保险课程。1904 年，清政府《奏定大学堂章程》规定，商科大学下设“银行及保险学门”，该学门主课之一为“保险业要义”。到民国时期，出现专门的保险系科，形成初步的保险教育体系。

1902 年

京师大学堂

创设于 1898 年的京师大学堂，在其 1902 年的“理财学”教学计划中，即有银行、保险和统计学课程，这是我国迄今所见大学保险课程最早记载。

1912 年京师大学堂改称北京大学，其法科开设“保险统计算学”“保险学”和“保险法”课程。北京大学第一任教务长马寅初教授，曾讲授保险学课程。

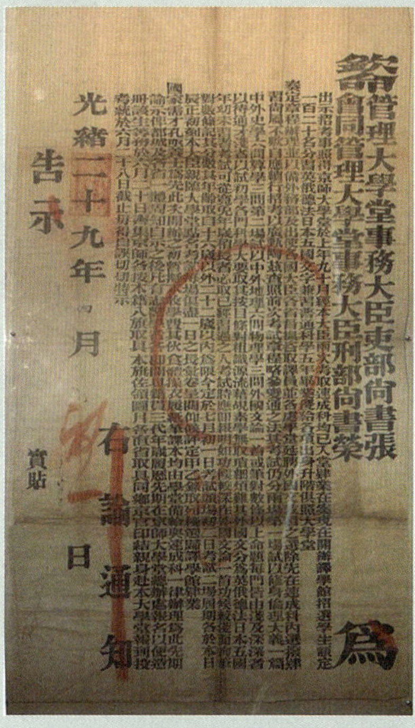

欽命管理大學堂事務大臣吏部尚書張

欽命同管理大學堂事務大臣刑部尚書榮　為

光緒二十九年四月　日　右諭通知

告示

實貼

京师大学堂 1903 年的招生告示

京师大学堂正门

1908 年

南洋高等商业学堂保险专修科

我国著名教育家胡元倓（子靖）在南京创办南洋高等商业学堂，并于1908 年开学招生，先办银行科，续办税则保险。保险专修科拟招生 60 人，学制 3 年。据考证，南洋高等商业学堂保险专修科是我国最早开办的保险专业，在中国保险教育史上具有重要地位。

胡元倓（1872 年—1940 年）

1917 年

复旦大学保险学

1917 年，复旦大学商科开办保险课程。1919 年，商科本科一年级开设货运保险课程。1920 年，商科选读课程开设了保险学，讲授微积分、保险利息算学、保险原理、保险簿记。商科下设银行金融学系和保险学系，曾聘请美国的大学教授讲授商科保险课程。

复旦大学早期徽标

1924 年

大夏大学

1924 年的厦门大学学潮后，部分师生在上海筹建了“大夏大学”，其商科教学中所聘请的教授潘序伦、李权时和吴倚沧等，均毕业于美国名校，他们带来了保险学科发展的前沿知识。课程设置有保险学原理、人寿保险、火险学和水险学，各设 3 个绩点。从其保险学研究内容看，已经具备现代保险教育的专业水准。

1925 年

我国首部保险学著作

一般认为，中国最早的保险学著作是任教于原河南中山大学（现河南大学）的王效文先生所著《保险学》，1925 年由商务印书馆出版。该书是中国保险学研究兴起的重要标志。王效文另著有《中国保险法论》和《火灾保险》。

我国著名保险学专家、教育家王效文（1893 年—不详）

王效文与孔涤菴编著的《保险学》，该书介绍西方保险学理论，是洋为中用的典范

1938 年

重庆大学商学院

抗日战争期间，重庆大学成立了商学院，首任院长为马寅初先生。1939 年，商学院设立银行保险系，董问樵任系主任。该系一直延续到 1947 年，后并入四川财经学院，四川财经学院为西南财经大学前身。

重庆大学旧址

1946 年

国立上海商学院保险系

1921 年，东南大学成立，分设上海商科大学；1932 年，独立为国立上海商学院；1946 年，创立国内第一个保险系，德国柏林大学博士吴道坤为第一任系主任。保险系开设保险专业课程多达 15 门。

1950 年，国立上海商学院改称上海财政经济学院，1985 年更名为上海财经大学，恢复保险专业。

1950 年，国立上海商学院保险系首届毕业生合影

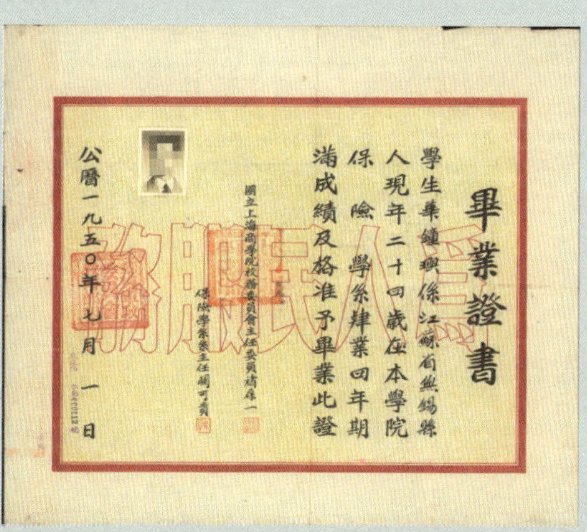

畢業證書

學生朱鍾興係江蘇省無錫縣人現年二十四歲在本學院保險學系肄業四年期滿成績及格准予畢業此證

國立上海商學院校務委員會主任委員褚葆一

保險學系系主任周可貴

公曆一九五〇年七月一日

国立上海商学院保险系首届毕业生的毕业证书

2. 新中国成立初期新设财经院校

新中国成立后，政府成立了中央财经学院和中央高级商业干部学校，其教学安排中，均含有保险内容。

1949 年

华北税务学校（中央财经学院）

中央财经学院前身为创办于 1949 年 11 月的华北税务学校，后改名为中央税务学校，由财政部主管，后更名为中央财政学院；1952 年，与北京大学、清华大学、燕京大学和辅仁大学的经济系科合并，成立中央财经学院，设有保险与精算教育课程。1969 年，中央财经学院停办；1979 年，重新挂牌，为中央财经大学前身。

中央税务学校的学员

1951 年

中央高级商业干部学校

1951 年 11 月 11 日，中央高级商业干部学校成立，是原北京对外贸易学院（今对外经济贸易大学）的前身。

中央高商干校成立伊始，进出口业务课程即讲授海洋运输货物保险内容。保险教学活动仅在 1970 年撤校期间短暂中断。1982 年，原北京对外贸易学院国际贸易系开设独立的国际货物运输保险课程。可以说，对外经济贸易大学的保险教学，是新中国成立后持续时间最长、连续性最好的高校保险教学项目。

中央高商干校本部旧址（北京东四九条 32 号院）

雷荣迪教授（1924 年—2015 年），对外经济贸易大学保险学科主要奠基人之一，1949 年复旦大学商学院本科毕业，1952 年南开大学研究生毕业。享受国务院政府特殊津贴专家，北京教育系统先进工作者，曾任中国国际经济贸易仲裁委员会仲裁员

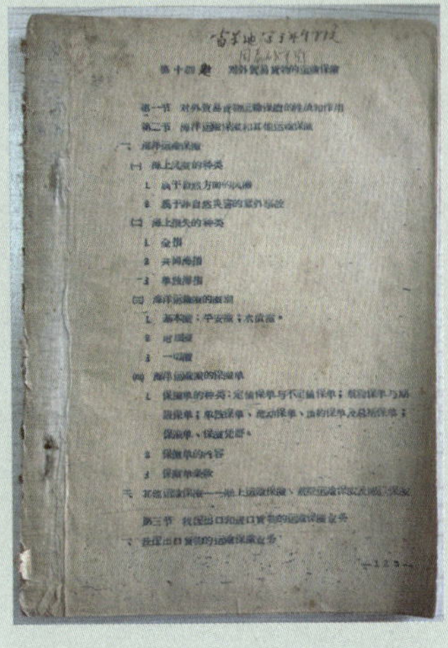

雷荣迪教授于1956年编写的保险教材

雷荣迪教授一生深耕国际贸易领域，学术造诣深厚，在我国对外贸易保险学界有着很高的威望。图为雷荣迪教授早期出版的著作《国际货物保险》和《国际货物运输保险》(香港出版)

雷荣迪教授不遗余力地推动学科传帮带。图为2001年由雷荣迪教授审定出版的教材《海上保险学》

1998年教师节，时任原对外经济贸易合作部部长石广生先生(左)，前往雷荣迪教授家中进行慰问

陈欣教授（1952 年—），对外经济贸易大学保险学科主要奠基人之一，我国著名保险法专家，享受国务院政府特殊津贴专家。曾任对外经济贸易大学保险系主任

陈欣教授《保险法》著作是我国保险法领域开创性教材，多次再版，备受广大学子欢迎

黄敬阳教授（1963 年—2020 年）于 1996 年在对外经济贸易大学首次开设研究生层次《风险管理与保险》课程。曾任对外经济贸易大学保险系副主任

黄敬阳教授编著的北京市精品教材《国际货物运输保险》

3. 改革开放后的保险教育

1979 年，中央决定恢复国内保险业务，保险专业人才奇缺，高校纷纷开设保险课程，兴办保险专业，为我国保险业的发展培养了大批专业人才。

改革开放后，我国保险教育一览表

年份	教育机构	事 件
1979	江西银行学校	江西银行学校开设保险专业，培养全日制保险专业中专学生
1980	中央财政金融学院	中央财政金融学院开办保险专业；两年后，创办国际保险专业，在全国范围招生
1982	中国人民银行金融研究所	开始招收保险专业研究生
1982	复旦大学	接受中国人民银行委托，为金融管理干部专修科开设保险相关课程
1983	四川财经学院 （今西南财经大学）	在金融系增设保险学专业，并于当年开始招收金融学（保险方向）硕士研究生
1984	南开大学 武汉大学	南开大学招收本科生，首批设立保险专业的院校之一 武汉大学金融系创立，开始招收保险方向硕士研究生
1985	人保公司教育处	组织 9 所高校的专家学者编写《社会主义保险学》，是 1980 年后，我国高等院校使用的第一本保险专业教科书
1985	上海财经学院	开始招收保险专业本科生，次年，在全国招收保险专业研究生
1985	清华大学	经管学院金融系设置保险与精算方向；2008 年，成立风险管理与保险研究中心
1985	人保公司教育处	首次召开全国保险教育工作会议
1986	中国保险管理干部学院	在长沙成立，英国 CII 北京考试中心于 1989 年迁入
1987	中央广播电视大学	开设保险专业
1988	中国金融学院	中国人民银行直属院校，设立处级保险学系，开设保险学专业并招生
1988	南开大学	南开大学第一届精算班开学
1993	北京大学	北京大学经济学院保险学专业（风险管理与保险学系）成立
2000	对外经济贸易大学与原中国金融学院合并	成立新的保险系（院级）； 2007 年，设立保险学院
2003	南开大学、武汉大学和西南财经大学	共同发起首届“中国保险教育论坛”

1987 年

中国金融学院

1987 年 5 月，原国家教委向中国人民银行和北京市人民政府发出《关于同意成立中国金融学院的通知》；9 月 20 日，原中国金融学院正式成立。1988 年，中国人民银行批准在原中国金融学院金融系设立处级保险学系，并增设学制 4 年的保险学专业；1995 年，保险学系从金融系独立，设立保险系。保险学系和保险系的首任系主任，均为黄华明教授。2000 年，原中国金融学院与对外经济贸易大学合并，成立了对外经济贸易大学新的保险系（院级），首任系主任为黄华明教授。

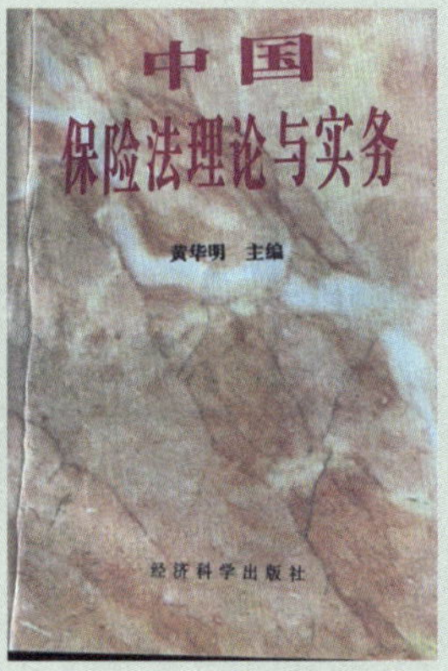

黄华明教授（1942 年—），中国保险学会第四届理事会理事，出版了《中国保险法理论与实务》等多部学术著作

1994 年 7 月，原中国金融学院保险系与英国保诚保险公司签订合作协议，设立保诚阅览室

原中国金融学院保险专业 1996 届毕业生合影

结语

现代保险制度经过几百年的发展，运行机制已十分健全，全球保费收入在2022年超过7万亿美元。然而，在全球气候问题加剧、政治经济格局不断演化、科技发展日新月异等背景下，保险行业未来发展面临巨大挑战，但也蕴含着无限机遇。

2016年，中国已跃居全球第二大保险市场。放眼中国社会经济发展远景，保险事业可谓方兴未艾，这对优秀人才的培养提出了更高的要求。保险教育大有可为，大学的保险教育更是天高海阔。

保险如伞，依托科学的骨架，撑起一方仁爱。放眼未来，保险之伞仍将高高擎起，继续为人类社会发展遮风避雨、保驾护航。

路漫漫其修远兮，吾将上下而求索。

Conclusion

After evolution in hundreds of years the operation mechanisms of modern insurance system have turned fully-fledged, with total premium revenues worldwide exceeding 7 trillion US dollars in 2022. Nevertheless, in the background of intense global climate change, political and economic upheaval and rapid technological development, the insurance industry is facing notable challenges albeit with an immense chance of growth as well.

Having ranked as the second largest insurance market since 2016, particularly with a blooming prospect of insurance growth in the whole outlook of its social and economic development, China is placing higher requirements on the cultivation of its insurance Talents. Insurance education, especially that in college, is expected to play a greater role.

Insurance, just like an umbrella, holds up benevolence and love with its scientific ribs. Surely it will provide more shelter and safeguard for mankind. The road is long ahead and let's never stop our walking and exploring.

附录

对外经济贸易大学
金融保险学科发展大事记

时间	事件
1951 年	开始讲授“对外贸易货物的运输保险”
1959 年	开始招收国际金融专业本科生
1962 年	开始招收国际金融专业研究生
1978 年	恢复招收国际金融专门化研究生
1984 年 9 月	招收国际运输与保险方向研究生
1985 年	恢复招收国际金融专业本科生
1987 年	成立国际运输与保险教研室
1988 年	原中国金融学院设立保险学专业并招生 10 月，中国人民银行签发银教政 [1988]7 号文，同意原中国金融学院设立保险学系（处级单位）
1994 年 7 月	英国保诚保险公司赞助原中国金融学院，建立保诚阅览室
1995 年 4 月	原中国金融学院设立独立的保险系
1995 年 9 月	原中国金融学院和澳大利亚国卫保险公司共同建立保险精算会计教学中心
1996 年	设保险系，开始招收保险方向硕士研究生 11 月，安盛国卫保险集团与原中国金融学院签署合作协议
1997 年 11 月	原中国金融学院、中国保险学会、美国通用再保险公司联合建立中美高级保险培训及信息中心
1998 年 3 月	原中国金融学院与日本精算学会设立日本精算师资格考试中心
2000 年 9 月	德国格宁保险公司捐资合作

续表

时间	事件
2000 年	原中国金融学院保险系与对外经济贸易大学原保险系合并，成立对外经济贸易大学新的院级保险系
2005 年 9 月	美国信合保险集团捐资合作
2007 年 2 月	获批设立员工福利与社会保障本科专业
2007 年 5 月	对外经济贸易大学保险学院正式成立
2009 年 9 月	保险学（精算与风险管理）专业本科生开始招生
2009 年 10 月	在应用经济学一级学科下招收金融学（保险）博士后
2010 年 9 月	金融学（保险）、金融学（精算方向）博士开始招生
2011 年 9 月	保险硕士专业学位研究生开始招生
2012 年 5 月	劳动与社会保障专业招生统一划归保险学院
2012 年 9 月	劳动经济学博士点获批设立并开始招生 保险学（精算与风险管理实验班）开始招生
2014 年	英国精算师资格考试 CT1-CT8 八门课程免试认证，为中国(不含港澳台地区)首家
2015 年 3 月	增补为中国精算师协会单位会员
2015 年 9 月	劳动经济学硕士点开始招生
2016 年 9 月	全国第一个精算学本科专业获准设立并开始招生 精算学二级学科硕士点开始招生
2017 年	精算学二级学科博士点获批
2019 年	加入北美精算师协会（SOA）的 UCAP 高校 精算学入选首批北京市一流建设专业
2020 年	保险学成功入选国家级一流建设专业 精算学实验班入选“国家基础学科拔尖学生培养计划 2.0”
2021 年	精算学入选国家级一流建设专业 劳动与社会保障入选北京市一流建设专业
2023 年	荣获国际保险学会全球卓越保险教育（GCIE）认证 荣获北美精算师协会（SOA）国际精算项目 Centre of Actuarial Excellence（CAE）认证 取得 CICE 免试认证 中国精算师 CAA 考试恢复，成为第一批考点
2024 年	通过北美产险精算协会（Casualty Actuarial Society）的 CAS-URP（University Recognition Program）认证（Silver Level）

后记

谨以此书献给所有关心和热爱世界保险历史文化的读者！

本书旨在助力提升社会金融素养，促进学术研究与文化交流。本书的出版得益于众多人士的热情支持与慷慨相助。

衷心感谢国内外保险历史文化领域的学者、专家及朋友们的大力支持，感谢对外经济贸易大学“中外保险历史文化长廊”参观者对展览内容的肯定，并提出宝贵的意见与建议。

对外经济贸易大学保险学院几任领导，持续推动“中外保险历史文化长廊”的建设，学院多位教授提供了富有见地的专业观点。同时，兄弟院校及行业同仁在保险历史研究领域的卓越成果，为本书提供了重要的专业参考。赵守兵先生、高星先生和张国芳先生倾囊相授，他们不仅提供了珍贵的研究资料，还提出了诸多具有建设性的意见。在此，我们深表谢意。

本书中的部分图片来自作者及朋友们的私人收藏，特此感谢黄华明、雷虹、徐晓、孙洁、王国军、白薇、徐高林、郑豪、寇琳、谢潇潇、柴利祥、张程、王文锬、王星皓等的慷慨分享。此外，保险学院研究生张仁元和冯一帆协助整理了部分研究资料，许多朋友亦提供了无私帮助，限于篇幅，难以一一列举，在此一并致以诚挚谢意。

特别感谢对外经济贸易大学出版社的专业团队，尤其是责任编辑王延新女士的不懈支持与辛勤付出。她的专业水准和敬业精神令人钦佩。

世界保险历史源远流长，浩瀚繁复，囿于篇幅，书中难免存在疏漏或不当之处，敬请广大读者批评指正。同时，由于历史资料年代久远、来源复杂且分散，搜集、核实殊为不易，敬请相关权利人及时联系出版社，我们将妥善处理，并衷心感谢您的理解与支持。

曾立新　谢远涛

2024 年 12 月